女性困境
The Wounded Woman

父性职能
对女性的禁锢

［美］琳达·希尔斯·莱纳德　著
冯华杰　译

浙江大学出版社
·杭州·

图书在版编目（CIP）数据

女性困境：父性职能对女性的禁锢 / (美) 琳达·希尔斯·莱纳德著；冯华杰译. -- 杭州：浙江大学出版社, 2025.3. -- ISBN 978-7-308-25736-7

Ⅰ. C913.11

中国国家版本馆CIP数据核字第20255SF065号

The Wounded Woman: Healing the Father-Daughter Relationship
© Ohio University Press, 2014
First published in the United States by Ohio University Press, Athens, Ohio 45701

浙江省版权局著作权合同登记图字：11-2024-527 号

女性困境：父性职能对女性的禁锢

［美］琳达·希尔斯·莱纳德 著；冯华杰 译

策　　划	杭州蓝狮子文化创意股份有限公司
责任编辑	张一弛
责任校对	陈　欣
出版发行	浙江大学出版社
	（杭州市天目山路148号　邮政编码310007）
	（网址：http://www.zjupress.com）
排　　版	杭州真凯文化艺术有限公司
印　　刷	杭州钱江彩色印务有限公司
开　　本	880mm×1230mm　1/32
印　　张	9.375
字　　数	160千
版 印 次	2025年3月第1版　2025年3月第1次印刷
书　　号	ISBN 978-7-308-25736-7
定　　价	68.00元

版权所有　侵权必究　印装差错　负责调换

浙江大学出版社市场运营中心联系方式：（0571）88925591；http://zjdxcbs.tmall.com

谨以此书献给我的父亲

序

小时候，我非常喜欢父亲。那时的他温柔敦厚，对我疼爱有加，我最喜欢与他为伴。他带我打棒球，教我学数学。我七岁那年，每周六，他都会带我去图书馆。他还说服了管理员为我破例，让我每周借走14本书，那可是常规借阅限额的两倍。父亲自己没能读完高中，但他极为看重学业，所以他身体力行地让我认识到了学习的重要性。他和外婆一起花了大量时间陪我学习，他们帮我提高词汇量，和我玩智力游戏，变着花样教我学习各种知识。冬天，父亲带我去滑雪橇，跟着他，我看到了夜色下耀眼迷人的雪光，切实体验了快速滑到山脚的那种刺激和兴奋。他还带我去看赛马，在赛马场，我目睹了马儿飞奔疾驰的壮观场面，身临其境地感受到了押马赌博的惊险、激烈的气氛。父亲喜欢动物，受他影响，我也交到了很多动物朋友。父亲友好和善、喜与人交，我们一起外出散步时，总能结识到新朋友。因为有我这样一个女儿，父亲很自豪，脸上总是挂着灿烂的笑容。妈妈在他眼里也格外重要。每个周末，他都会带我们外出用餐，在我们居住的那座城市，我们吃遍了各种风味的民族餐馆。父亲经常带母亲去跳舞，他们会一直跳到深夜。那时，我们家在经济上并不富裕，但我们的生活犹如华丽的冒险，有许多奇闻等着我们去挖掘，有数不清的趣事等着我们去体验。

然而，不知何时，不知何故，一切都变了。父亲先是深夜不归，回来就怒气冲冲、大吼大叫，吓得我经常从睡梦中惊醒。起初，这种情况只是偶有发生，但很快就演变成了每周一次，接着每周两次，最后几乎夜夜如此。一开始，我很困惑，不理解母亲为什么总在星期天早上对父亲唠叨不休、百般挑剔，我甚至在心中为他打抱不平。九岁时，我才恍然大悟。原来，父亲竟然是个酒鬼，左邻右舍尽人皆知！他连工作都难以维系。我真的为他感到羞愧。我有一张那时的照片，照片上的我和先前神采奕奕的我判若两人。那时的我看着像一个孤苦伶仃的弃儿，脸上没有笑容，眼里没有光彩，嘴角耷拉着，眉眼低垂。在接下来的几年里，我对父亲的感情一直都非常复杂。我还爱他，但是，因为他，我备受煎熬，甚至无地自容。我实在无法理解，曾经那么美好的父亲怎么一下子就变得如此不堪。

父亲经常在深夜醉醺醺地回到家，扬言要伤害外婆。妈妈和我被逼无奈，通常只能叫来警察，强行把他赶出家门，而大部分时候，我就是负责打报警电话的那个人。有时，父亲情绪太过激动，我没有机会靠近电话机，惊恐万分中，我只能逃到门廊上大声呼救。有一晚至今仍历历在目。那晚，父亲异常暴躁，警察一来，就看到我蜷缩在角落里啜泣。一位警察转身质问父亲："你怎么忍心让你的女儿承受这些?"显然，连陌生人都看不下去了，开始为我担忧。此后很多年，那个画面在我的脑海里一再浮现。甚至可能就在那一刻，在我心灵深处的一隅，这本书的种子已悄然埋下。

在我即将步入青春期时，我对父亲的感情已不再复杂，所有那些纠结的感受都凝结成了纯粹的仇恨。我不再爱他，甚至不再怜悯他。我厌恶他那些粗鄙的行为，恨之入骨。我向老师和朋友隐瞒了父亲的真实情况，所以我无法邀请任何人来家里做客。除了邻居，没人知道我的父亲是个酒鬼。我想，如果我守口如瓶，一定能盖好这块遮羞布。我和他彻底划清了界限，拼尽全力只为与他泾渭分明。

为了自保，我活成了"双面人"。在学校，我认真、刻苦，各科全优。作为老师的"宠儿"，我并未恃宠而骄，而是努力做到了友善、开朗、低调、包容，与同学们相处得极为融洽。表面上，我是可爱、文静的乖乖女；而我的内心却五味杂陈、混沌不安。我无法抑制对父亲的愤怒和仇恨，作为他的女儿，我无地自容，日夜担心有人发现我有一个如此荒唐的父亲。日子就这样一天天地过着。一切看似风平浪静。14岁那年，我开始出现面肌痉挛的症状，而且，我并未像其他女孩一样开始谈恋爱，我才意识到，或许我哪里出了问题。但由于我跳过一级，我在班上年龄最小、个子最矮，大家并未发现我的异常。在学校，我通过勤奋学习和讨喜的个性换得了一些慰藉，也找到了自我价值。但在家中，生活就是一场场清醒的噩梦。每晚，我都在担心，那个疯疯癫癫的父亲会把我从沉睡中惊醒，但具体何时，我无法预料。我好害怕，某个夜晚，他会带着枪回来，把我们一个个都打死。

长大后，我决心逃离。我深知，留在家里就是坐以待毙。父亲像寄生虫一样蛮横地赖着我们，母亲为填补丈夫的情感缺位在我身上一味越界索取。为远离家中这令人窒息的喧嚣和混乱，我拼命地在知识和逻辑思维的世界搭建避风港。这一策略也使得我与母亲保持了足够远的距离。我意识到，如果我听从母亲的要求，陪她留在那种环境里，我将困在过去的牢笼中，永无出头之日。我试图切断与母亲和父亲的纽带，从那个我无力左右的家庭中脱身。

此后很多年，我始终保持着一种六亲不认的理性。事实证明，这招颇为有效。起初，我远走他乡，在科罗拉多州的一家小型日报社做了一名新闻记者。后来，我又研读哲学，锻造思维方式，以求更深入地探究生命的意义。大约在那个时候，我嫁给了一位学识渊博的男人。在我接触过的所有人中，他与我父亲最为不同。他鼓励我继续深造，努力攻读博士学位，勇敢踏上自己的学术之旅。

那几年，父亲的酒瘾越来越重。但出乎意料的是，我21岁生日那天，他竟然送了我一枚蛋白石戒指。蛋白石是我的生辰石。像他这样的无业游民本就没有经济来源，搞到手的每一分钱又都用来买酒了，但不知怎的，他竟攒下了25美元，给我买了那枚戒指。那是多年来他送给我的第一份礼物。戒指很漂亮，蛋白石泛着神奇的光泽。但我不愿意戴。在父亲生命最后的那段日子里，我曾回家探望过他几次，他多次问起那枚戒指，我都只能闪烁其词。尽管心中歉疚不安，但我依旧不愿戴。直到许多年后我开始动笔写这本书时，他已不在人世，我才鼓起勇气戴上那枚戒指。如今，我更是一直戴着它，希望能借此弥合我与父亲之间那深不见底的裂痕。

婚后，我潜意识中被压抑的部分莫名爆发了，焦虑和抑郁同时向我袭来，如洪水猛兽般势不可挡。为了解读自身的遭遇，我一一拜读了存在主义哲学家海德格尔（Martin

Heidegger）[1]和克尔恺郭尔（Soren Kierkegaard）[2]，小说家陀思妥耶夫斯基（Fyodor Dostoyevsky）[3]、黑塞（Hermann Hesse）[4]、卡夫卡（Franz Kafka）[5]和卡赞扎基斯（Nikos Kazantzakis）[6]以及诗人里尔克（Rainer Maria Rilke）[7]和荷尔德林（Friedrich Hölderlin）[8]的作品。最终，我翻开了荣格（Carl Gustav Jung）[9]的心理学著作。出于职业性的自我防御，我打着立志成为心理治疗师的幌子去了苏黎世（Zürich），开始了荣格心理分析之旅。在这个过程中，潜伏在我体内的狄俄尼索斯（Dionysus）[10]式的特质突然间涌现了出来。有一天半夜，我突然从噩梦中惊醒，那是我接触荣格心理分析后做的第

---

[1] 马丁·海德格尔，德国哲学家。20世纪存在主义哲学的创始人和主要代表之一。——译者注

[2] 索伦·克尔恺郭尔，丹麦宗教哲学心理学家、诗人，现代存在主义哲学的创始人，后现代主义的先驱。——译者注

[3] 费奥多尔·米哈伊洛维奇·陀思妥耶夫斯基，俄国作家，19世纪俄罗斯最重要的文学家之一。——译者注

[4] 赫尔曼·黑塞，德国作家，诗人。——译者注

[5] 弗兰兹·卡夫卡，奥匈帝国捷克德语小说家。——译者注

[6] 尼科斯·卡赞扎基斯，希腊政治家、作家、诗人。——译者注

[7] 赖内·马利亚·里尔克，奥地利诗人。——译者注

[8] 弗里德里希·荷尔德林，德国著名诗人。——译者注

[9] 卡尔·古斯塔夫·荣格，瑞士心理学家。——译者注

[10] 古希腊神话中的酒神，不仅握有葡萄酒醉人的力量，还以布施欢乐与慈爱成为极有感召力的神。——译者注

一个梦,非常可怕。梦里有一艘搁浅的船,希腊人佐巴(Zorba the Greek)[1]被吊在船桅上。但是,他还没有被勒死!他冲着我大喊,求我救他下来。我慌了,手忙脚乱地折腾了一通,最终还是他自己费尽周折解开了绳子。但是,下来后,他还是伸出手拥抱了我。

这个梦让我心慌意乱,但不得不承认,对我来说,佐巴也象征着对生活的热情——一种逍遥自在、快意人生的狄俄尼索斯式处世态度。佐巴的生活让我想到了父亲,看到了一个人在失去理智、陷入泥潭后所遭受的致命暴击。由于我刻意疏离了父亲,压抑了自己非理性的一面,所以佐巴的世界在我眼里一度显得混乱、可怕和粗鄙。荣格将人类进入无意识状态的过程形容为"夜海航行"、死亡和肢解之旅,认为那是一种面对令人生畏的未知之域时战战兢兢的体验。确实,这正是我所经历的。踏入父亲的世界犹如纵身跃入深渊,虽不是什么可歌可泣的事,但确实需要极大的勇气。我也是被迫为之。我强烈感觉到,我在悬崖边站着时,有一个人悄无声息地站到我身后,一掌把我推了下去。跌入深渊后,我看到了自己的失常、醉态和

---

[1] 尼科斯·卡赞扎基斯同名小说中的人物。一个四处游荡、历尽人间苦乐却始终充满火热欲望的老头。佐巴曾言:"一个人需要一点疯狂,否则他永远不敢割断绳子而获得自由。"——译者注

愤懑。原来，我竟和父亲如此相似！很多时候，我的所作所为和他简直如出一辙。渐渐地，我开始任由自己在各种派对上喝得酩酊大醉，整个人也变得狂放不羁、肆无忌惮。

在失控的世界里，我感觉自己被生生撕碎，像神话中的狄俄尼索斯一样。我的阴暗面彻底爆发了。在暗无天日的深渊中，我苦苦挣扎。甚至在外形上，我都和以前判若两人。以往，我一直留着精干的职业短发，而在那段时间，我特意留长了头发，逐渐向嬉皮士风靠拢。我在公寓内挂上了德国表现派画家的作品，那些画作色彩丰富、夸张怪诞，有些甚至让人不寒而栗。外出旅行时，我会故意在陌生城市的治安乱点挑选便宜的旅馆住宿。之前，我曾极力避开父亲的世界，现在我却一头扎了进去。终于，我也体验到了父亲曾经独尝的罪恶感和羞耻感。这一切看似如痴如狂，但我却莫名预感，那条路有宝可寻。在那段混乱的时期，我做过这样一个梦：

> 我梦见父亲住在一个地下室里。穿过一扇狭窄、破旧的小门，我走进了他的房间。一进门，我就看到斑驳的壁纸大片大片地从墙上耷拉下来，不禁浑身一颤。满是裂缝的地板上，油光发亮的黑蟑螂窜来窜去，仓皇爬上了一张棕色桌子的桌腿。那张桌子破烂不堪，是空荡荡的房间里

唯一的家具。那个地方充其量只能算个小隔间，真不知道怎么能住人，而且这个人还是我父亲。一想到这儿，我的内心瞬间被恐惧淹没，我想逃离那个房间。我拼命地寻找出口，但借着昏暗的光线，我怎么都找不到那扇门，它似乎彻底消失了。我紧张得喘不过气，两眼疯狂地扫视着房内的每个角落。终于，我发现了一条狭窄的通道，就在之前进门处的正对面。那个房间阴森可怕、令人作呕，我急于逃离，没有多想就一头钻入了那条幽暗的通道。走到尽头时，光线突然照进来，我的眼睛被刺得一阵模糊。视力恢复后，我发现自己已来到一个庭院。我从未见过如此奢华的庭院，抬眼望去，花卉、喷泉和精美的大理石雕像熠熠生辉。庭院方正对称，位于一座东方宫殿式寺庙的中心，四角筑有藏式角楼。直到那时，我才意识到，父亲竟然还悄悄拥有这些。这简直匪夷所思，我陷入了惊恐和困惑，颤抖着从睡梦中醒了过来。

或许，父亲那肮脏不堪、蟑螂横行的地下室里确实藏着一个出口，径直通往那座金碧辉煌的藏传寺庙。要是我能找到那个出口就好了。

虽然我深陷泥沼，疯疯癫癫，无法自拔，但我还是挣扎着勉强维持了日常生活。然而，一个更为重要的发现闯入了我的意识。在那些灾难性的时刻，我的身体内竟然自然而然地流淌着一些神秘而美妙的体验。美术、音乐、诗歌和童话的大门逐渐向我敞开，我变得越来越有想象力和创造力。在那之前，我腼腆、内向，只喜欢沉浸在自己的世界里闷头读书；自那以后，我变得松弛了，能够自在地展露内心的热情和感受。渐渐地，我变得更加自信，不再刻意隐藏真实的自我。

那段时间，家里连遭重创。醉酒的父亲在抽烟时睡着，引发了火灾，整栋房子只剩下一具黑糊糊的空壳。外婆被困在楼上的一间卧室里，不幸丧生。父亲曾尝试救出外婆，但为时已晚，他自己也因严重烧伤被送进了医院。他一定内疚不已，余生都在炼狱中煎熬。因为无法面对这项过失，他始终未曾开口谈及此事。也许是因为常年酗酒，他的状态越来越差，两年后，他也去世了。

父亲的离世对我打击很大，我悲从中来，痛入心脾。我忽然意识到，再也没有机会和他谈心了，永远没有机会告诉他我有多么后悔疏远他，没有机会向他坦承我后来其实也有些心疼他一生千疮百孔、备尝艰辛。我们之间没来得及修补的隔阂在我的心中留下了一道伤口，一直无法弥合。

他离开后，我很快迎来了38岁生日。生日当天，我戴上了那枚蛋白石戒指，开始动笔写这本书。我并不在乎这本书能否出版。我知道，我必须将我们父女关系中的创伤付诸文字，这是我个人迫切要做的事。也许写作的过程可以适当拉近我和父亲之间的距离。客观上，我和父亲已再无亲近的可能；但主观上，我或许可以通过文字救赎我的"内在父亲"。

写这本书对我来说是一个漫长而艰难的过程。动笔之前，我并非胸有成竹，甚至连提纲都没拟定。我就只是等着，相信一切终会水到渠成。我认为，写作需要全情投入，需要坚信灵魂深处自然会浮现出一些东西，而我有能力识别它们并立刻用文字表达出来。另外，我深知，无论我写什么，都有可能在照亮父女关系创伤暗角的同时，投下新的暗影。受认知所限，我肯定无法做到面面俱到，所以，我只能接受这种局限性和可能性共存的矛盾局面。巧的是，父亲的一生也挣扎在矛盾的旋涡中。在写作的过程中，我经常怒气填胸，也经常痛哭流涕。虽然成文的语句看似波澜不惊，但实际上每一页的字里行间都藏着我的怒火和泪水。

刚开始动笔时，我的脑海里浮现的大多是消极的画面。父亲生前酗酒成性、自暴自弃，我意识到自己有蹈其覆辙的倾向。我能感觉到，这种"遗传"特质正左右着我的生活，它来势汹汹，浸渍肌肤，渗浃骨髓。我承认，父亲身上也有积极的一面，他也曾对我产生过正面的影响，但在写这本书的初期，这些影响在我的内心完全无迹可寻。写到"救赎之路"那一章时，我迟迟未能动笔。由理论的角度切入后，我得以从新的视角审视了我内心的冲突。在描述女性的各种生存模式和其原型基础时，我更好地理解了，这些模式如何影响和塑造我的生活以及我的那些女性来访者的生活。开始写自己的故事时，我对父亲那些正面的印象才完整地浮现出来。我记起了小时候他想方设法托举我、引领我，死后又以佐巴、藏传寺庙的形象在我的梦中给我力量，而那枚蛋白石戒指在现实中也一直陪伴着我。神话中的伊卡洛斯（Icarus）[1]一时忘乎所以，飞得太靠近太阳，高温熔化了封合他翅膀的蜡，失控的他一头栽落下去，命丧大海。从这个角度看，父亲很像伊卡洛斯。他也曾有望振翅高飞、鹏程万里，但他把远大前程淹没在了酒精里。他曾卖力地托举过我，这是他给予我的积极影响，但在他自甘堕落、判若两人后，我看到笼罩在他身上的光环瞬间黯然失色。起初，我试图通过掌控一切来抹去他曾对我的托举；后来，当我发现我无法掌控一切后，我认同了父亲自甘堕落的一面。我

---

[1] 希腊神话中代达罗斯的儿子，与代达罗斯使用蜡和羽毛造的翼逃离克里特岛时，他飞得太高，双翼上的蜡遭阳光熔化，他因此跌落水中丧生。——译者注

似乎只能在两个极端中取舍：要么360度无死角克己慎行，要么如狄俄尼索斯般任性恣情。认识到自己的极端心理后，我分析了这两种心理模式，我将这两种模式分别称为"永恒少女"（the puella aeterna）和"全副武装的亚马孙女战士"（the armored Amazon）[1]。其实，对我而言，蜕变和救赎之路就藏在佐巴、藏传寺庙和那枚蛋白石戒指的意象中。我若想重获父亲的托举，就得在心里认可并安放好这些意象。

这些是我自己作为一个女儿在父女关系中所经历的创伤。同时，作为一名心理治疗师，我在工作中发现，许多女性来访者都曾在父女关系中受到过伤害。当然，她们的遭遇不尽相同，创伤表象也是形态各异。许多女性来访者也提到了父亲酗酒，自己因此对男人不信任，觉得丢脸、内疚和自卑。从她们的描述中，我看到了自己的影子。从另外一些女性来访者的经历中，我发现，严厉、专制的父亲或许能让他们的女儿过上稳定、精致、有序的生活，但几乎无法给予女儿关爱和情绪支持，也不会重视和认可女性特质。还有一些父亲原本希望妻子生个男孩，所以就把女儿（通常是长女）当作儿子养育，期望她们完成自己无法做到的事情。有些父亲太爱自己的女儿了，

---

[1] 古希腊传说中的女战士族，信仰战神阿瑞斯（Ares）。——译者注

甚至拿女儿来填补爱人的缺位，这些女儿通常被父亲的爱所桎梏，无法心无旁骛地去爱其他男人，因而无法成长为成熟的女人。还有一些父亲选择了自杀，他们的女儿需要努力对抗自残和自毁的念头，以防步其后尘。父亲早逝的女性需要应对失去亲人的创伤，活在缺失感中。父亲多病的女性往往会感到自责。有些父亲甚至会虐待女儿，比如殴打或性侵。还有一些父亲对强势的妻子言听计从，任由妻子主宰女儿的生活。

创伤不胜枚举。至此，有人可能会将这些创伤直接归咎于父亲。我们要提防这种粗暴的归因，我们需要意识到，这些父亲本身可能也在亲子关系中受到过伤害。创伤可能来自母子关系，也可能来自父子关系。责备他人犹如身陷流沙，绝非疗愈女性的良方。常怀责备之心可能会使人作茧自缚，沉溺于受害者的角色，无法自我负责。我认为，对在父女关系中受伤的女性来说，认清父亲的不作为和父爱缺位对自己的影响是至关重要的。这些女性需要打破隔阂，修复与父亲的关系，以便有机会在内心形成一个正面的父亲形象。如此，她们才有望获得父亲这个角色给予的力量和指引，才能由衷地欣赏外在男性与内在男性的积极面。她们需要抱着开蚌寻珠的态度，努力挖掘出父亲身上不易察觉的优点，那是父亲可以给予她们的宝藏。如果父女关系已经受损，女性一定要看清这种创伤，觉察和识别自己的缺失,这样才能在内心生发出力量,有针对性地补苴罅漏。同时,看清这些创伤后,我们需要去接纳这些创伤的存在。因为接纳创伤就意味着疗愈的开始,对女儿、对父亲、对父女关系来说,皆是如此。

目录

第一部分　创伤 / 1

　　第一章　父女关系中的创伤 / 5

　　第二章　献祭女儿 / 37

　　第三章　"永恒少女" / 55

　　第四章　"全副武装的亚马孙女战士" / 91

　　第五章　内在男人 / 131

第二部分　伤害 / 179

　　第六章　愤怒 / 185

第七章 眼泪 / 207

第三部分 疗愈 / 221
  第八章 女性的多面魅力 / 225
  第九章 救赎之路 / 235
  第十章 发现女性精神 / 260

致 谢 / 275

第一部分
创伤

关于父亲,
在我城市的电话簿上,查无此人;
在家里母亲的床榻上,难觅其踪;

父亲毫不在意,我是否学钢琴;
我做任何事情,他都无所可否;

在我的印象中,
父亲英俊帅气。
我爱他,
我不明白他为什么弃我而去,
这么多年不闻不问。

但我确定,
是父亲把我变成了如今这副模样,
一个随风飘摇、无人问津的女人,
与幼年丧父的孤儿并无两样。

我以文字行走于世,以各种身份与人相交,
但父亲始终是我难以言说的字眼,
我也从未在他的羽翼下休憩过片刻。

黛安·瓦科斯基(Diane Wakoski)
《国父》("The Father of My Country")

第一章　父女关系中的创伤

愿那弥漫在天空之中的惩罚恶人的瘟疫全部降临到你的女儿们身上！

——莎士比亚（Shakespeare）

每周都有心灵受伤的女性到我的办公室求助。她们中有些自我意象（self-image）[1]极差，有些无法与他人建立持久的关系，有些对自身的工作能力和社会价值缺乏信心。表面看来，她们是自信满满的商务精英、衣食无忧的家庭主妇、无忧无虑的在校学生、潇洒不羁的离异人士，一个比一个过得体面、如意；但实际上，她们都有一个受伤的灵魂。她们把绝望藏在了内心深处，深感孤立无援，担心被厌弃，时常痛哭流涕或怒火中烧。

这些女性受伤的根源大多是父女关系中的裂痕。她们有些是与自己的父亲关系不睦，有些是受到了父权社会的伤害，父权社会所倡导的文化贬低了女性的价值，本身就像极了差劲的父亲。

---

[1] 指在自我中形成的有关自己的表象或想象，包括对自身能力、价值、目标和潜能等的评价。——译者注

无论哪种情况,她们的自我意象、身份认同,她们与异性的关系,以及她们的社会价值都频频受损。接下来,我将以四个女人为例来探讨这个问题。她们与父亲的关系模式各不相同,生活方式也千差万别,但是,她们的故事有一个共性:父亲养育能力不足、养育不当或缺位。这种缺憾影响了她们的生活方式,削弱了她们构建人际关系的能力,导致她们在工作和生活中故步自封。

克里斯(Chris)是一位企业家,年近四十,事业有成。她的父母有三个孩子,都是女孩,她是老大。学生时代,她十分刻苦,是各科全优的尖子生。大学毕业后,她在一家蒸蒸日上的公司谋得了一个不错的职位。她工作十分卖力,30岁时已晋升至高级管理层。大约在那段时间,她开始紧张性头痛、失眠,经常感到疲惫不堪。她就像阿特拉斯(Atlas)[1]一样,压力之大犹如双肩撑天。没多久,她就变得不堪重负、郁郁寡欢。她似乎无法进入一段严肃的亲密关系,几任男友都是在不同的工作场合遇到的已婚男士。后来,她渴望有个孩子。但是,一想到未来,她就绝望无比,因为她的生活已被工作填满,目之所及就是应接不暇的职责,根本没有任何喘息的

---

[1] 古希腊神话中的擎天巨神,属于泰坦神族。他被宙斯降罪用双肩支撑苍天。——译者注

空间。在她梦中出现的孩子，不是受伤了，就是快死了。克里斯接受治疗后，意识到自己总是在工作中苛求自己尽善尽美，无法放手去享受生活。据她回忆，她的童年很不快乐。她的父母一直想要儿子，但偏偏生的都是女儿，所以他们对几个女儿期望甚高，父亲的望女成名之心尤为迫切。学生时代，她们如果偶尔未能在班上独占鳌头，父亲一定会把她们数落一通。为了取悦父亲，克里斯一直非常刻苦。她几乎不和伙伴们一起玩耍，把时间都花在了学习上，最后还选择了父亲所从事的职业。因为克里斯是老大，父亲似乎对她的期望最高。她表现好时，父亲就会带她去自己的办公室里坐一坐，以示奖励。在她进入青春期后，父亲对她要求非常严格，基本不允许她和男生约会。她总共就交往了那么一两任男友，父亲还对他们横加指责、恶言相向。母亲则对父亲百依百顺，大事小事都由他说了算。

　　克里斯一直在迎合父亲的期望，从未活出真正的自我。尽管她也曾违背父亲的意志，尝试过滥交和吸食大麻等叛逆行为，但大部分时候，她仍在努力成为父亲眼中勤奋上进的成功人士。如果父亲真有儿子的话，他应该就会过着她这样的生活。接受治疗后，克里斯意识到了这一点，逐渐不再苛求完美。她开始探索自己的喜好，着手创作短篇小说——当然，这在父亲眼里纯属"不务正业""任性妄为"。同时，她还开始结识新朋友。虽然她仍然需要克服完美主义倾向，但她逐渐感到精力充沛，甚至开始憧憬未来。对克里斯来说，剥离父亲的期望，找回真正的自我是一个循序渐进的过程，不可能一蹴而就，但随着她不断尝试，她的自我探寻之路变得越来越清晰。

芭芭拉（Barbara）的案例则诠释了父女关系不睦的另一种形态。我第一次见到芭芭拉时，她还是一名大学生，正打算读研。年近三十的她离过两次婚，连续堕胎多次，有过滥用药物史，不仅体重失常，在金钱方面也毫无节制，严重缺乏理财意识。她聪明睿智、才华横溢，但在工作中却显得能力不足，在学习上也缺乏自制力。每个学期，她非但不会努力完成课程要求，甚至还会要求老师直接给她评定为"未修毕"。来做心理治疗，她总是不能按时付费，很快就欠下了几百美元。因为治疗欠费和未能完成课业，她深感羞愧，重度焦虑接连发作。

芭芭拉的世界里没有自制自律和功成名就的榜样供她效仿。父亲在战乱时曾离她而去，那时她还是个懵懂无知的孩童。后来，父亲换了一份又一份工作，还沾染了赌博的恶习，根本无法安于稳定。母亲看不到希望，沮丧至极，她告诫芭芭拉，如果芭芭拉初婚失败的话，这辈子都无法翻身。父亲不靠谱，母亲又郁郁寡欢、悲观厌世，小时候的芭芭拉在原生家庭里从未见过任何成功可靠的成年人。她的梦境都非常可怕。她经常梦到,变态杀人犯试图杀死或残害无辜的年轻女孩。有时候,受害者就是她本人。她把生活过得如此散漫无章,明显就是在延续父亲的生活模式。当然,她也在认同和证实母亲的负面投射——生而为女,不可能成功。

芭芭拉意识到自己在重蹈父亲的覆辙,认同母亲投射的失意,于是开始逐渐从这些模式中抽离出来,积极探寻属于自己的人生之路。她先是学会了理财,付清了心理治疗费,甚至还成功存下了一笔钱,准备投入未来的学业。为此,她戒掉了滥用药物的恶习,远离了那口吞噬金钱的无底洞。最终,她如期完成了学业,论文也写得十分出彩。后来,她还成功控制了饮食,减重25磅[1]。做到这些后,她感受到了自身的力量,开始相信自己有能力得偿所愿。在这个过程中,男人和父亲在她心中的形象开始发生转变。她梦里的男人不再是杀人恶魔,反而会伸出援手帮助女人。有一次,她梦见,父亲送给她一件价格不菲的重工刺绣礼袍。这正好映射了她身上日益凸显的女性特质所承载的力量。

有些父亲碌碌无为,未能在社会上争得一席之地,但他们

---

[1] 约11.3公斤。——译者注

性格随和，对女儿无限宠溺。通常，这些父亲的女儿会努力取得成功，来弥补父亲的缺憾。苏珊（Susan）的父亲就非常爱她，父女俩经常有说有笑、调侃挑逗，有时甚至还会打情骂俏。两人都很享受这种关系模式。父亲在女儿身上投入了过多的精力，无暇经营夫妻关系。苏珊的母亲是一个非常有野心的女人。她曾期望丈夫取得世俗意义上的成功，但苏珊的父亲胸无大志，沉溺于平凡的小日子，并未攀上职业高峰，母亲对此失望透顶。苏珊在潜意识中感知到了母亲的不满，对自己要求非常严格，事事苛求完美，希望能代替父亲来迎合母亲的期待。父亲是个"妻管严"，看到妻子对女儿期望过高，他也没有积极出手阻止。于是，苏珊一直活在母亲的期望中，努力实现着母亲未曾实现的志向。母亲是个完美主义者，不但提出了许多不切实际的目标，还事无巨细地掌控着她的生活。因此，苏珊从小就没了孩子气，时时刻刻都不敢松懈，早早地失去了孩童的平常心。重压之下，她的脖颈和后背整日都处于紧绷状态，晚上更是失眠、磨牙，根本无法好好休息。但是，无论她怎么努力，始终无法得到母亲的认可。苏珊很爱父亲，但她又对男人没有信心，担心他们会像父亲一样软弱无能。和母亲一样，她也想找一个有野心、能赚大钱的男人，但她总是被像父亲那样喜欢玩乐的男人所吸引。最终，她又发现这些男人不可靠，不适合谈婚论嫁。正如她无法得到母亲的认可一样，那些恋人在她眼里也都不完美，不符合她所设定的那些条条框框。她已经四十多岁了，却还没有结婚。此外，她还曾试图在工作和人际关系中掌控一切，结果落得郁郁寡欢、消极厌世。她恨透了沉闷无趣的生活，整日一副苦大仇深、失魂落魄的模样；同时，她开始觉察到自己无法在工作中承担更多的职责，但凡别人再对她多提一项要求，她可能就要崩溃了。不过，她的梦境里倒是出现了一些积极的画面，为她提供了一些治愈的方案。有一次，在梦里，为了去一个地方，她打算走那条最艰辛但耗时最短的路。还没出发，她就听到一个声音提醒她放慢脚步，走一条更顺畅的路。这个声音还向苏珊保证，她一定会在最适合她的时间到达目的地。此外，她还多次梦到自己在河水中顺流漂移，不慌不忙，神闲气定。

苏珊开始意识到，她确实有着强烈的控制欲，但这种试图控制一切的动机、冲动以及咄咄逼人的举动，大都受母亲驱使，并非源自她的本心。她觉察到自己在失败时感受到的沮丧情绪与父亲被母亲指责时的感受惊人的相似。她还发现自己在许多方面错位地扮演了父亲的"情人"的角色，这个角色切断了她与其他男人交往的机会。于是，她开始有意识地压制内心对自己和他人的批判。她尝试放下先入为主的成见，以更加包容的心态去了解男人。结果，她真的遇到了一个温暖体贴、深情款款的男人。但是，因为他赚的钱低于她的预期，有一段时间，她还是忍不住想要结束那段关系。好在那时的苏珊已经能够识别出这种不满实际上是母亲的反应，于是，她控制住了自己的冲动，守住了那份感情。

在苏珊的案例中，母亲是更为强势的角色，她事无巨细地操纵着女儿的人生，利用女儿来满足自己的野心；父亲的失职之处在于没有阻止母亲。从某种角度看，父亲好像只是"太爱"女儿了，所以才把她绑在身边，不肯放手。对苏珊来说，她需要意识到这些，才能解开与父亲过于紧密的捆绑，才能看到母亲的控制在自己身上留下的烙印。

而有时候，正如玛丽（Mary）的案例将要呈现的一样，女儿也会奋起反抗过于专制和严厉的父亲。玛丽的父亲曾在军队服役，在教育孩子时，他也沿用了部队的标准。玛丽生性温柔和善、天真率直。她看不惯父亲的专制作风，公然与其对抗。十几岁时，她开始服用致幻药（LSD），整日和一群小混混厮混。玛丽有一定的艺术天赋，但她并未珍惜，而是任其流失。大学二年级时，她直接退学了。父亲虽有专制和完美主义倾向，但他患有慢性病，偶尔也会露出脆弱和虚弱的一面。然而父亲从不承认自己的脆弱，所以玛丽总感觉自己有两个截然不同的父亲——一个是大权在握的法官，另一个则是虚弱乏力的病人。她梦里出现的男人也属于这两个极端。有些男人阴茎短小、性无能；有些男人则暴戾恣睢，想方设法要刺死她。玛丽觉得那些阳痿的男人映射出她极度缺乏自信，而那些残暴凶恶的男人则代表了她自我贬损的声音。玛丽的母亲和玛丽一样和善、外向，却并未阻止丈夫苛待玛丽。玛丽和母亲的关系甚好，母亲又是年长的同性，所以在她和父亲展开对抗时，她首先求助的人就是母亲。但在母女关系中，她习惯性地讨好母亲，母亲常常严厉地批评她，对待她的方式如父亲一样暴戾专横。接受心理分析后，玛丽逐渐恢复了自信，认识到了自己所处的矛盾境地：一边反抗父亲的权威，一边为了取悦母亲又不断地顺从父亲的权威。后来，她终于做到了在母女关系中坚守自己的立场。慢慢地，那些残暴的男人和性无能的男人都从她的梦境里消失了，她开始和一个情绪稳定、思想成熟的男士交往，并最终走入了婚姻的殿堂。她满怀信心地拾起对艺术的热爱，着手在艺术领域开辟职业发展之路。找到内在的力量后，她甚至能够和父亲展开平等、严肃的对话。父亲在病情严重时，向她坦承了内心的脆弱和无助。父女关系有所回温。

至此，我们了解了四位女性在父女关系中所经受的创伤。关于这个主题的故事，还有千千万万个版本。下面这个梦境展现了这些受伤女性的普遍心境。

> 梦里，我是一个年轻的母亲。我被困在一个笼子里，怀里还抱着我的小婴儿。笼子外面，父亲骑着马，在绿草茵茵的牧场上自由驰骋。我渴望能抓住父亲，拼命想挣脱笼子，抽抽搭搭，泣不成声。挣扎中，笼子翻了。我不确定我和孩子是否被笼子压伤，也不知道我们最终是否得以脱身。

这个梦境映射了父女间的隔阂，呈现了女性在父女关系中身心受困和潜力受限的窘况。梦中的女儿渴望靠近父亲，变得像父亲一样自由自在、活力四射，但她必须先冒着风险挣脱牢笼。在这个过程中，她和她的孩子可能会被压伤，也可能会成功脱身。虽然这个梦境只是一个个例，情节也很夸张，但我相信，它代表了许多女性在不健康的父女关系中进退两难的困境，陷入困境的她们也很难与内在父亲建立和谐的关系。

就个人体验而言，父女关系中的创伤可谓千态万状。有些父亲懦弱无能、不务正业，比如无业、酗酒、赌博等，使他们的女儿颜面扫地、无地自容。有些父亲"缺席"了女儿的成长，他们选择离开家庭，就像他们的女儿遇到的那些"爱上她们,然后离开她们"的男人一样。当然,这种缺失也可能是死亡、战争、离婚或疾病所致。有些父亲溺爱女儿,宠得她们任性妄为、三观不正、无法无天。他们甚至可能会不知不觉地爱上自己的女儿,打着父爱的幌子把她们绑在身边。有些父亲看不起女性,甚至贬低女性,因为他们身上与女性相似的那些内在特质早已被男权社会的价值导向所吞噬。他们可能工作努力、事业有成,但面对家人,却总是一副事不关己的面孔。他们从不主动在女儿身上投入时间和精力,在父女关系中超然、洒脱,宛如一个冷漠的旁观者。总之,不管哪种情况,只要父亲未能尽心尽责地对待女儿,没有鼓励她在学业和职业领域力争上游,不重视她的心灵成长,无法欣赏她的女性特质,就势必会挫伤她的女性精神(feminine spirit)。

如今,广大女性正从自身经历出发重新审视和阐述"女性"一词。女性已经开始意识到,长久以来,一直是男性在定义女性,他们的定义标准是自身的喜好、社会文化对女性的期望以及他们对女性无意识的投射。很明显,这是在通过文化或生理角色来定义女性,而我的视角则不同,我认为女性是人类之源,其存在本身就意义非凡。据我观察,女性大多会通过外在表现和情绪反应来展示自我,在撰写本书时,我也利用了这一发现。

父女关系中的创伤不是个案,而是融入我们文化的一种病痛。父权文化贬低女性,无视女性的个性和感受,将女性刻板地框定在一些特定的角色和特质中。只要这种观念尚在,父权力量就会压制处在女儿角色中的女性,不允许她们遵从本心、自由成长。

父女关系中的创伤,不论是个例还是源于文化层面,或者两者兼而有之,都是当今社会的大多数女性面临的一个重要课题。有些女性试图通过责怪父亲或全体男性来回避这个问题;还有一些女性安于演绎传统文化为其设定的角色,干脆不承认问题的存在。这两类女性分别选择了责备他人和委曲求全,全都逃避了自我转型的责任。我认为,当今女性转型的宗旨应是找回自我。但是,在找寻自我的过程中,她们需要直面过往,与在个人成长、文化理念和精神层面对她们产生影响的力量进行对话。

父女关系对女儿的情感和精神成长影响甚大。父亲是女儿生命中出现的第一位男性,决定了女儿如何看待自己内在的男性特质以及将来如何与别的男性相处。对于父女关系中的女性来说,父亲是"他者"(other)[1],不同于自己和母亲,因此

---

[1] 指一个与主体既有区别又有联系的参照。——译者注

女儿从父亲的身上可以看到人与人之间的差异，认识到自己的独特，进而形成自己的个性。父亲如何看待女儿身上的女性特质也会影响女儿的成长模式和成年状态。父亲的职责之一就是引领女儿走出母亲和家庭的庇护，跨入和融入外面的世界，帮助她应对来自外界的碰撞和摩擦。父亲的工作状态和事业成败也会影响到女儿，如果父亲自信满满、功成名就，女儿也会成为类似的人；如果父亲畏手畏脚、一事无成，女儿很可能也会胆小怕事。通常，父亲会做好女儿的榜样，通过自己的言行举止向女儿诠释权威、责任、决策力、客观公正、秩序和自律。女儿长大后，他会适时退出女儿的生活，而女儿则会将这些耳濡目染的品质内化于心，外化于行。如果父亲在这些方面对自己要求过于严苛或过于随意，那么女儿也会受到相应的影响。

有些父亲太不自律。他们没有为自己设限，内心没有任何敬畏，没有建立内在秩序，缺乏自制力，所以他们无法成为女儿的榜样。这些男人通常还停留在"永恒少年"（eternal boys）的状态。过于迷恋青春期的男人永远都活得像十几岁的孩子。他们整日做着天马行空的白日梦，逃避现实生活中的难题，无力承担责任。这样的男人沉溺幻想、逃避现实、得过且过。他们通常思维活跃、注重精神追求且极富感悟力。但是，由于他们的心理年龄尚停在人生的春夏，未经秋冬的洗礼，思想缺乏深度以及彻悟后的豁达。就性格而言，这类人往往缺乏耐心。他们没有"死磕到底"的品质，无法扛过困境。从正面看，他们魅力四射、浪漫有趣；同时，他们看似潜力无限、创意泉涌、探索不止，甚至还能鼓舞和启发他人。但从负面看，他们总是有始无终、半途而废，因为他们一遇到困难就退缩，无法脚踏实地付出努力，根本无法让梦想落地。有一些"永恒少年"表现得非常极端。他们有些沉迷于某种嗜好不能自拔，有些无法自食其力，有些如唐璜（Don Juan）[1]一样周旋于女人之间，有些活得像妻子的乖儿子，有些则发起浪漫攻势勾引自己的女儿。个别"永恒少年"也曾在人生的旅程中昙花一现，如电影明星詹姆斯·迪恩（James Dean）[2]和摇滚明星吉姆·莫里森（Jim Morrison）[3]。他们都曾是传奇人物，甚至是大众偶像，个人魅力不容小觑，但最终都因沉迷恶习而断送了性命。

这些"永恒少年"的女儿在成长过程中缺少自律、克己、

---

[1] 西班牙家喻户晓的一个传说人物，以英俊潇洒及风流著称，一生中周旋于无数贵族妇女之间，在文学作品中多被用作情圣的代名词。——译者注

[2] 美国男演员，生前有超速驾车的恶习，24岁时超速驾驶在车祸中丧生。——译者注

[3] 美国创作歌手和诗人，洛杉矶摇滚乐队大门乐队（The Doors）的主唱，27岁时因酗酒死亡。——译者注

举足为法的榜样，经常表现得忐忑不安、喜怒无常、自卑、焦躁、冷漠，总之，她们的自我价值感普遍偏低。此外，如果这些父亲太不体面（如无业或吸毒），他们的女儿大多会感到难堪。她们在为父亲感到羞愧的同时，还可能将这种负面评价投射到自己身上。这样的女儿往往会在潜意识里勾勒出一个理想父亲的男性形象，然后终其一生去寻找接近其理想父亲的男性。在找寻的过程中，她的身边似乎一直萦绕着一个"幽灵情人"，一个只存在于她想象中的理想男人。因此，每当她试图与现实中的男人交往，尤其是尝试进入性关系时，总是困难重重。父亲的失职可能会导致她对男人普遍缺乏信任，这种不信任甚至会超越物质世界，上升至精神领域，连"天父"（God the Father）都未能幸免。她可能会认为，"天父"并没有为她提供精神上的支持或引导，并因此在内心深处质疑自己的宗教信仰。那么，她要怎样才能找到理想中的男人呢？阿娜伊斯·宁（Anais Nin）[1]的父亲就是这样一位未尽父职的"永恒少年"。她曾直言："我没有人生向导。我父亲？别提了，他的心理年龄和我不相上下。"

还有一些父亲则过于刻板。他们独断专行，不容置疑地把

---

[1] 著名的女性日记小说家，西班牙舞蹈家，被誉为现代西方女性文学的开创者。——译者注

女儿束缚在条条框框内，严苛、冷酷，甚至几近冷漠。这些父亲丧失了生命的活力，压抑了自身固有的女性特质，无法体验或表达内心深处的柔情。他们安分守己、尽职尽责、中规中矩，坚信自己的女儿也认同这样的处事原则。他们认为必须服从既定的规则，离经叛道必然会遭受质疑的目光。这些父亲通常老气横秋、专横跋扈、满腹牢骚、愤世嫉俗、了无生趣。因为他们试图掌控一切，只肯墨守成规，所以总是排斥例外和创新，无法接纳自由流动的情绪，惯用冷嘲热讽来应对新鲜事物。从正面看，他们重视权威和责任，可能为女儿带来了安全感、稳定感和秩序感；但从负面看，他们的做法压制了女性特有的感受力、敏感度和本能。在一些极端案例中，我们了解到，有些父亲真的是老顽固，他们掌控着家里所有的财富，从经济上控制着妻儿，在家里说一不二。他们或希望女儿出类拔萃，或希望女儿安于传统的女性角色，无法接纳女儿的脆弱和病痛，甚至无法接受她们有任何异己的表现。

因为这些霸道的父亲无法发自内心地认可女儿的女性特质，他们的女儿在后续的人生道路中经常发现自己无法自如地接纳自己的女性身份，无法自由地展现女人的天性。而且，因为这些女性曾遭父亲苛待，她们很有可能惯于苛求自己和他人。纵使她们奋起反抗，那种反抗也同样透着冷酷和尖酸。在这种家庭中，有些女儿忍气吞声、唯唯诺诺，从未过上属于自己的生活；有些勇于反抗了，但仍然逃不出父亲的控制，还是在不停地回应父亲的要求和期望。这些女儿，像那些被溺爱的女儿一样，很难与别的男人进入一段健康的亲密关系，也无法释放内在的创造力。

至此，我描述的这两类父亲刚好处于父女关系中的两个极端。实际上，大多数父亲都是上述两种类型的混合体。即使有些父亲终其一生都在秉持一种极端模式，他也总会时不时无意识地表现出另一极端的父亲才有的特征。这种情况比比皆是。比如，一贯专制严苛的父亲突然失去理智，情绪泛滥，无视之前和女儿共同构建的安全环境和秩序，将女儿置于混乱将至的恐惧中。由于父亲并不接纳女儿的情绪波动，孩子们的一点点真实情绪就可能会把他们击垮，孩子们也会因此更觉恐慌不安。有些父亲的反应十分粗暴，甚至还带有一丝猥亵的意味。例如，有些父亲会采用性虐待的方式体罚不听话的女儿。有些父亲虽然责任感很重，一直克己慎行，但可能还是会无意中暴露出幼稚和冲动的一面。同样，那些平时对女儿宠爱有加的父亲有时也会忍不住像冰冷、刻板的法官一样对女儿冷嘲热讽。比如，有些父亲厌恶自己冲动、任性的一面，当他们发现自己的女儿表现出冲动、任性时，可能会一反常态，突然对女儿横加指责。

当然，母亲同样是女儿成长过程中至关重要的人物。但是因为本书聚焦于父女关系，我不会展开探讨母亲对女儿的影响，仅在必要时略有提及。在夫妻关系模式中，我们可以发现一些常见的结合规律。"永恒少年"通常有一个"母亲般"的妻子。"母亲"负责当家立纪，一人独挑大梁向子女传递价值观、秩序、权威和规则，虽然这一般都是父亲的分内之事。有时，这样的母亲比那些最顽固的父亲还要严苛；而且，比起那些父亲，她们还多了女性在情感方面特有的掌控力和影响力。如果在一个家中，父亲性格软弱、对女儿溺爱无度，母亲则强势、独断，那么这家的女儿可能会存在双重问题。这样的父亲不仅无法给女儿树立一个异性榜样，而且也未能站出来对抗母亲，帮助女儿认清自己与母亲的不同。而女儿可能会过于依恋和认同母亲。女儿可能会因此无意识地模仿母亲，在为人处世中变得和母亲一样刻板。此外，由于母亲不得不兼任父职，女儿既享受不到真正的父爱，也享受不到纯粹的母爱。

还有一种夫妻关系模式与上述情况截然相反。在这种夫妻关系中，丈夫犹如严苛的老父亲，妻子则像没长大的小女孩。在这种家庭中，父亲同时控制着母女两人，母亲在家中没有话语权，事事依赖父亲，未能给女儿树立一个独立女性的榜样。

因此，女儿很可能会重蹈母亲的覆辙，也选择依附他人。即使她选择突破这种被动的人生模式，那也是为了对抗父权，守住自己的生存空间，而不是基于女性的内在需求和价值观。

此外，父母二人还有可能像斯科特·菲茨杰拉德（Scott Fitzgerald）[1]和泽尔达·菲茨杰拉德（Zelda Fitzgerald）[2]一样都是"永恒少年"。双方都没有能力为孩子营造稳定、有序的环境，也无法举足为法，成为孩子可以效仿的榜样。在这种情况下，父母之间的关系往往很脆弱，他们的婚姻不堪一击，家庭极易破裂，女儿身处其中，内心混乱不安。还有一种可能，父母都是老顽固，掌控欲不相上下，两人都无法接纳女儿一丝一毫的本性流露和正常感受。从我自己和我的女性来访者的案例中，我发现了由父女关系中的创伤所导致的两种心理模式，这两种模式截然相反，但经常同时出现在那些受伤女性的灵魂深处，撕扯、博弈、互不相让。我将其中一种模式称为"永恒少女"，另一种则称为"全副武装的亚马孙女战士"。在这里，我先粗略地介绍一下这两种模式，后面的篇章中会有详尽

---

[1] 20世纪美国作家、编剧，代表作有《了不起的盖茨比》《人间天堂》等。——译者注

[2] 美国小说家、诗人和舞蹈家，斯科特·菲茨杰拉德的妻子。——译者注

的描述。

"永恒少女"指成年后,甚至到了六七十岁,心理年龄还依然停留在少女阶段的女性。这些女性永远活在父母的庇护下,欣然接受他人向其投射的身份。她们把自己内在的力量拱手让人,丢弃了自我探寻的责任,任由别人来定义自己的人生。通常,"永恒少女"都会嫁给过于奉行大男子主义的男人,努力活成丈夫期待的样子。从外形到举止,她们都给人一种天真无邪、弱不禁风、俯仰由人的感觉。有些"永恒少女"可能会试图挣脱牢笼,但在挣扎的过程中依然会戴着那副可怜兮兮的受害者面具,自怨自艾、郁郁寡欢、萎靡不振。不论哪种情况,"永恒少女"们都未能主宰自己的人生。

在这些女性的梦境中,我发现,以下几个主题出现频率较高。其中一个主题是丢失钱包,钱包里刚好装着她们全部的身份证件和钱财。比如,有人梦见男友弃她而去,她打算自行回家时,才意识到身无分文,而她能乘坐的唯一交通工具竟是一辆儿童校车。还有一个主题揭示了"永恒少女"依附他人的常态。梦中的女人不能自己开车,车是由父亲开着的,她们坐在后座,彷徨无助,身不由己。此外,"永恒少女"的梦里时常会出现暴躁、刻薄的老头。这些老头尾随她们、威胁她们,有时甚至会挟制她们。一位年轻的女性来访者曾梦见自己站在跳水高台上，一个残暴狠毒的老头不断命令她跳下去，设定的动作越来越危险，但是，如果她违抗命令，就会性命难保。上述几个梦境提示了失去个人能量和身份的危险（通过丢失钱包提示）、失去个人生活方向的危险（通过无权驾驶提示），以及面对无理要求未能捍卫自我权益的危险（通过屈从虐待狂的指令提示）。

有些父亲作为女儿的正面榜样能帮助她们提升觉察力、自制力、勇气、决策力、自我评价能力和目标感。但对于这些优秀的品质，那些"永恒少女"通常毫无概念。我们的"文化之父们"向来就不鼓励女性追求这些品质，甚至在她们发展这些品质时还会百般阻挠，这样的文化导向后患无穷。如今，在我们的文化环境中，许多女性发现自己根本不具备这些品质。没有这些优势，她们深感卑微、无助，没有勇气自谋生路，只能屈从于迂腐、霸道的父权秩序。在我自己身上，在许多依然困于"永恒少女"状态的女性身上，我看到这种困境还在继续。女性内在类似男性的那一面似乎分裂成了两个极端：懦弱的少年和变态的虐待狂老头。这样的内在组合势必会阻碍女性的成长，因为这两类男性在潜意识里是串通一气的。那个变态老头会直接出言打压："你做不到的！你只是个女人。"而那个懦弱、敏感的少年则会认同这种打压，陷入消极、无助的情绪。

如此一来，这些女性就只能继续困在自暴自弃的模式里，再也无力挣扎。在我们的文化中，有多少类似的经历在女性身上频频发生！那些卑微、消极的声音判定她们无法开辟自己的天地，警告她们男人不只会背叛她们，甚至还烂到了骨子里。正是这样，她们才失去了勇气和活力！

"全副武装的亚马孙女战士"堪比"永恒少女"的对立面。现实中，也有许多女性把自己活成了"全副武装的亚马孙女战士"。回望她们的成长经历，我发现，这些女性的现状基本是由父亲失职造成的，无论是从个人层面还是文化层面看，皆是如此。为了应对父亲的失职，这些女性往往会在自我层面认同自己内在的男性或父性特质。因为父亲未能满足她们的需求，她们只好自己去填补这些空缺。因此，她们会通过追求个人成就、拼命发展事业或争取社会地位成为规则制定者，形成了鲜明的男性化自我认同。作为母亲，有些女性甚至会把家庭当作企业来管理。但是，这种男性化的身份往往只是一层保护壳，面对被父亲抛弃或排斥的事实，这层壳好似一副盔甲，既可抵御被抛弃的痛苦，又可掩饰自己的怯懦、卑微和脆弱。在某种程度上，这身盔甲确实护着她们在职业赛道上叱咤风云，在各种社会事务中夺得了话语权。不过，因为这身盔甲裹藏了她们作为女性的挚情柔肠，她们不敢卸下盔甲展露自己的个性，也就无法与男性建立健康的亲密关系，无法从容自如、活力四射地活在当下。

每天，我接待的来访者中总会有一些功成名就的女性。她们在自己的领域成绩斐然，经济上已完全独立。在外人看来，她们底气十足、自信无忧、精明强干、威势逼人。但在心理治疗师办公室这个安全的场域里，她们卸下防备后却泪眼婆娑，坦言疲惫不堪、心力交瘁、孤独落寞。她们的梦境中总会出现盔甲的意象。有一位这样的女性就曾梦见过一个弱小无助、消极厌世的男人，他穿着铠甲、戴着头盔，手持盾牌和利剑，一副生无可恋的模样。后来，随着分析的深入，她卸下了内心过度防御的盔甲。有一次，她梦见自己在一堆敞开的牡蛎壳中发现了一颗珍贵的钻石。于是，她坚持活在当下，打开心扉，尝试进入亲密关系，整个人变得柔和、成熟了许多。卸下防备后，她内在的能量开始迸发，变得珍贵、耀眼，一如梦里的那颗钻石。

另一位女性的梦里则频频出现厚重的冬衣——盔甲意象的另一种表现形式。有一次，她梦到自己离开了儿时的老宅。梦里是大夏天，她却随身带走了几个厚重的木制衣架，那些衣架是用来挂冬季外套的，但外套却不见踪影。没有冬衣在手，她感觉自己失去了保护屏障。离开老宅出发后，两个少年一直跟在她后面。他们看起来天真烂漫、无忧无虑，一路嬉戏打闹、乐乐陶陶。但她还是提心吊胆、惶惶不安。她加快了脚步想甩掉他们，他们反而悄无声息地溜到了她身旁，其中一人还解开了她的鞋带。她大惊失色，转身就跑，没承想一头扎进了一栋瘆人的房子，放眼望去全是病病歪歪、疯疯癫癫的女人。这太可怕了，毫无疑问。她瞬间惊醒。对于这位女性来说，她需要做的其实就是扔掉这层冬衣保护罩，试着和那两个无忧无虑的少年打成一片。然而，她始终无法战胜内心的恐惧。

与"永恒少女"一样，"全副武装的亚马孙女战士"其实也被剥离了自我。事实上，在大多数女性身上，我们都可以同时看到这两种模式。在我的成长经历中，我先是全副武装，活成了亚马孙女战士，但女战士的背后始终藏着一个惊恐的小女孩。后来，这个小女孩暴露了。她仓皇出逃，却发现世界之大竟无一处可以安身。她无法在一个地方安顿下来，也无法和任何人建立长久的关系。有些女性最初甘做乖巧的娇妻，后来揭竿而起，成了气焰熏天的斗士。在大多数女性的人生中，这两种模式是交替上演的，有时甚至在瞬间就完成了转换。例如，有些女人明明已经顺利发表过无数次公开演讲，却依然会在某个瞬间恍惚退行到脆弱小女孩的状态，担心自己会紧张得当众晕倒，但伴随着这种担心，她们又觉得凭自己的专业和实力，应该不会有问题。有趣的是，在她们陷入胆怯与惶恐时，她们呈现给别人（尤其是男人）的模样却是自信强大、游刃有余。对此，她们自己也惊讶不已。

　　为什么有些女性最初走的是"永恒少女"路线，而另一些女性走的却是"全副武装的亚马孙女战士"路线？对我来说，这依然是未解之谜，有待进一步探索。但直觉告诉我，女人的选择受多种因素的影响。天性、家庭地位和角色似乎是主要因素。母女关系也是关键因素。体型、种族和社会经济阶层的差异也至关重要。我常常发现，长女一般倾向于走"亚马孙女战士"路线，而幺女则更易成为"永恒少女"。不过也不尽然。此外，我们还需要考虑这些女性是否认同自己的父亲或母亲，以及对于在家庭事务和养育子女中更强势的那一位家长，她们是选择了效仿还是对抗。据我了解，大多数女性都同时走了这两种路线（"永恒少女"和"全副武装的亚马孙女战士"），只不过其中一种可能表现得更为明显。

　　面对自己的处境，"永恒少女"和"全副武装的亚马孙女战士"都经常陷入绝望。因为她们与自身重要部分的连接被切断了，她们感到偏离了核心自我。这种感觉就像她们明明坐拥豪宅，却只能享用那么一两个房间。

　　我在自己和来访者的生活经历中均触及了这种自我疏离和

绝望。借助哲学家索伦·克尔恺郭尔的分析，我理解了这种感受的根源。克尔恺郭尔在《致死的疾病》（*The Sickness Unto Death*）一书中写道，绝望是与自我、与人类本源的脱节。在克尔恺郭尔看来，绝望分为三种：第一种是无意识的；第二种是有意识的，表现形式为脆弱无助；第三种也是有意识的，表现形式为对抗。

陷入无意识绝望的人其实已经断开了与自我的连接，只是自己没有觉察到而已。根据克尔恺郭尔的说法，这类人大多崇尚享乐主义，贪恋当下的感受，一言一行皆基于满足自我需求和个人欲望，没有更高的追求。这个阶段的人大多为唯美主义者，且具有唐璜综合征（Don Juanism）[1]特征。显然，他们并没有意识到自己已处于绝望之中。然而，正如克尔恺郭尔所述，不可自拔地追求无节制的感官刺激和快感，常常会跌入空虚和焦虑的黑暗时刻，这种现象本身其实已经提示了问题的存在。

如果一个人允许空虚和焦虑的黑暗时刻完全进入意识层面，那么他就会感受到绝望，意识到已与自我脱节，认识到自己太懦弱，根本无法选择成为自我，因为做出这个决定的前提

---

[1] 指男性的一种病态地渴望征服异性的欲望。——译者注

是认可自己内在的力量。这类人过于懦弱，无力追求超越自我冲动的更高层次的目标，因而心生绝望。可想而知，有多少"永恒少女"都在绝望中无助地舔舐着剧烈疼痛的伤口。她们想挺身而出对抗现实，义无反顾地追求自己想要的生活，但不知怎的，就是害怕迈出那一步，迟迟没有行动。

但是，如果一个人能更有意识地洞察懦弱的原因，那么他就会意识到自己只是打着懦弱的幌子在逃避内心本就存在的力量。他会发现自己并不是懦弱，而是抗拒，是拒绝承担责任！克尔恺郭尔以为，因抗拒而产生的绝望是一种更高维度的意识。在这种情况下，一个人意识到自己有力量选择成为自我，或者用克尔恺郭尔的话说，实现信念的跃升（the leap of faith）——但这需要他接受失控和反常的局面，所以他十分排斥这种超越理性和人类局限性的力量，于是干脆拒绝了这个机会。在这种排斥和对抗中，他拒绝了改变现状的可能！一个人因为抗拒改变而陷入绝望，是因为他拒绝了未来的可能性和无限的发展空间；一个人因为懦弱而陷入绝望，是因为他逃避现实，不满于有限的生存空间。这样看来，这两种绝望其实是相通的。因懦弱而生出绝望，在我看来，只是"永恒少女"的一面；因抗拒而生出绝望也只是"全副武装的亚马孙女战士"的一种表现。最终，她们都将殊途同归，成为同一个人自我分裂的两种极端状态。

因懦弱陷入绝望的"永恒少女"需要意识到自己的力量,撕掉受害者标签；而把自己活成"全副武装的亚马孙女战士"、试图掌控一切的女性则需要认识到,通过控制误以为获得的力量是多么虚幻,对于无法掌控的局面,应试着放手。克尔恺郭尔认为,当一个人通过信念的跃升将各个阶段的绝望都消解后,问题就会迎刃而解,转变也会接踵而至。在这种跃升中,人们既接受了自己的懦弱,也承认了自己拥有的力量,既能认识到自己的局限性,也相信自己拥有无限可能,并认识到人人都需要在自己的对立状态之间来回磨合,而不是绝对认同某一种状态。

许多人在生活中都会面临类似的境遇,我曾尝试从心理治疗的角度去解读这些境遇。在这个过程里,我从精神病学家卡尔·古斯塔夫·荣格的著作中受益匪浅。荣格称,每个人的生活都自成一体,复杂而微妙。但是,受家庭背景、社会文化和本性的制约及影响,每个人在成长之路上都会突出其个性的某一面,弱化与之冲突的那一面。然而,被弱化和排斥的那一面并不服输,它蠢蠢欲动,时不时介入被认可的那一面,左右主人的行为举止,扰乱其人际关系。荣格认为,就个人而言,成长的课题就是要看到这两个对立面各自的价值,尝试将两者融合起来，让它们相辅相成，高效地服务于自己。我发现，从心理治疗的角度看，这项课题对那些在父女关系中受伤的女性尤为重要，因为她们的内心经常有"永恒少女"和"全副武装的亚马孙女战士"在对抗。"永恒少女"和"全副武装的亚马孙女战士"都有可取之处，双方可以取长补短，两者相得益彰才能夯实女性崛起的立足点。

虽然有些女性可能会因与父亲关系不睦而受伤，但她们仍然有希望通过自己的努力抚平创伤。我们承载了父母的印记，但我们并不只是父母的作品，命运并没有给我们设限。荣格认为，每个人的心中都有一条通向平衡和完整的自然疗愈之路；每个人的心中还存在着一些被他称为原型（archetype）的自然行为模式，这些行为模式是内在模型，外部模型缺失或不理想都不会影响到它们。比如，女性的内在其实本就藏着父亲原型的所有潜质，如果女性愿意大胆探索自己的无意识层面，就很有可能激活这些潜质。因此，尽管我们自己的父亲或文化意义上的父亲最初可能塑造了我们作为女性的自我意识形象，设定了我们在这个世界上能做些什么，以及我们在与男性的关系中能做些什么，但在我们内心深处，其实还保有内在父亲原型的正面特质和创造性特质，这种内在的力量可以帮助我们抵消实际生活中的许多负面影响。我们每个人的内心深处都有与父亲原型建立更好关系的潜能。梦境中的意象通常揭示了我们之前不曾了解的父亲的那些面向，通过认识和感受这些面向，我们可以变得更加完整和成熟。下面的例子就验证了这一观点。

我的一位来访者从小在父亲的高压管教下长大。她的父亲刻板、专横、轻视女性。他崇尚刻苦、自律，只看得上男性化的职业，眼里容不下一丝软弱和脆弱。这位来访者认同了父亲的价值观，整天忙着规划未来、掌控一切。她不允许自己松懈，也绝不示弱，因此，她一直难以与他人建立深层次的情感联系，也难以与自己的内心真实地连接。后来，她患上了皮肤病，症状日渐明显。于是，她果断地来寻求心理治疗。看来，这似乎是她脆弱无助的一面在提升存在感。她的脆弱透过她的皮肤暴露无遗，所有人都一目了然，她根本无法掩饰。刚开始接受治疗时，她做了一个梦，梦见自己被困在一幢摩天大楼的楼顶。在高高的城市上空，她俯瞰着川流不息的路面，将整个城市尽收眼底，却无法下到地面自由活动。最后，一个热爱玩乐的男人爬上楼顶，把她解救了下来，然后她随他一起，来到草地上赤脚嬉戏。这个梦映射了她在成长过程中未曾感受到的男性特质，她的父亲刻板严苛、不苟言笑，从未如此松弛过。她需要一个能和她一起玩耍的男人。

在接受心理分析的早期，她还做了一个梦。那个梦映射了父亲对她的影响。梦里，她想给父亲看一眼自己的皮肤问题，但父亲一口拒绝了。他不允许女儿露出一丝脆弱，她自己也不知不觉地认同了父亲对待自己的态度。这不仅影响到了她的感情生活，也挫伤了她的创造力。尽管她极具艺术天赋，思维极富创意，但她却选择了更基于理性的科学学科作为专业，然后迟迟未能毕业。她似乎在走父亲理想中的道路，完全舍弃了自己的喜好。接受心理分析后，她开始接受自己脆弱的一面，允许自己松弛和玩乐。作为一种意象，出现在她第一个梦里的男人帮助她接受了自己渴望松弛和玩乐的一面。在现实生活中，她遇到了一个温暖、率性的男人，她爱上了那个男人，向他敞开了自己脆弱的一面。她重返校园，选了自己喜欢的学科。此后不久，父亲的意象在她的梦境中发生了变化。有一次，她梦见有人告诉她父亲去世了。接着，钟声敲响了，召唤她到河对岸去。她先是尝试从桥上走过去，但发现桥尚未竣工，她滑入水中才得以过河。父亲的死象征着他的高压管教已经不复存在，所以她被召唤到河的对岸去开启全新的人生。通往对岸的桥已经修建了一段，但还没有竣工，所以她必须蹚水过河。对她来说，这意味着融入生活的溪流，接纳真实情绪和情感的流动。在现实生活中，她跟随梦的提示做了勇敢的尝试。于是，父亲的形象在她的梦境中又发生了变化。父亲变得包容了。有一次，她梦见自己弄丢了父亲的物品，父亲竟然没有责备她，而是选择了体谅和宽容。还有一次，她梦见父亲在为一位非常有创意的摇滚音乐家工作，她真的很为父亲骄傲。她的梦境正携手生活和谐共舞，一步一步轮流舞出了新颖的姿态。在这样的节奏中，她有条不紊地迈入了全新的人生。通过不停地自我探索与结合梦境接受心理治疗，她成功激活了自己喜欢玩乐、享受松弛生活、允许情绪自然流动的一面，她的女性特质和创造力也得到了释放。当她接收到内在父亲原型给予的补偿能量时，那位严厉、刻板、固执的父亲给她留下的旧伤口已开始愈合。

第二章　献祭女儿

> 公主啊，您深明大义、一腔赤诚。
> 是世风日下，神明不公。
>
> ——欧里庇得斯（Euripides）[1]

父女关系创伤在我们的文化中普遍存在，当今社会中的父亲和女儿几乎无一幸免。大多数情况下，世人普遍认为女人不如男人；男人若表现出女性特质，则极易遭人菲薄。父女关系创伤其实也隐隐反映了男性原则和女性原则之间混乱、失衡的关系。这不仅关系到个人，也会波及他们的伴侣、他们所在的群体，乃至整个社会。男人和女人都深受其苦，双方对彼此的身份和角色都充满了困惑。

从古希腊戏剧《伊菲革涅亚在奥利斯》（*Iphigenia in Aulis*）中，我们可以清楚地看到，父女关系创伤由来已久。这部戏剧由欧里庇得斯创作，描述了一位父亲献祭出自己女儿

---

[1] 古希腊三大悲剧大师之一。——译者注

的故事，刻画了父亲被迫牺牲女儿所感受到的伤痛，也揭示了父权社会中人们对女性的狭隘认知。伊菲革涅亚（Iphigenia）是阿伽门侬国王（King Agamemnon）的长女，也是他最心爱的女儿。然而，在剧中，她却成了牺牲品，被最爱她的父亲亲口判处死刑。到底发生了什么？父亲怎么可能会牺牲自己的女儿？

戏剧开场，我们就看到，阿伽门侬在答应献祭自己的女儿伊菲革涅亚后痛不欲生、几近疯癫。当时，因为特洛伊人帕里斯（Paris）拐走了海伦（Helen），希腊人已向特洛伊（Troy）宣战。海伦是阿伽门侬的兄弟墨涅劳斯（Menelaus）的妻子，美貌冠绝希腊。军队到达奥利斯湾（Aulis Bay）准备启航出征，海面上却没有一丝风。急于上场厮杀的战士们怨声四起，质疑阿伽门侬指挥不力。阿伽门侬担心失去权力和荣耀以及军队的指挥权，就去向祭司求助。祭司告诉他，为了整个希腊的福祉，他必须牺牲自己的长女。只有将长女作为祭品献给女神阿耳忒弥斯（Artemis）[1]，才能换取顺风启航的机会。绝望之下，阿伽门侬采纳了这项对策，并派人前去召唤伊菲革涅亚，谎称要将她嫁给阿喀琉斯（Achilles），但其实是为了

---

[1] 古希腊神话中的狩猎女神，被称为"野兽的女主人与荒野的领主"。——译者注

把她骗到奥利斯献祭。后来，冷静下来的阿伽门侬意识到自己愚蠢至极，但悔之已晚。

满腔怒火的阿伽门侬将这一切归咎于墨涅劳斯。他指责墨涅劳斯沉迷美色，失去理智，置名声于不顾；而墨涅劳斯则反过来抨击阿伽门侬为保住王位不惜献祭伊菲革涅亚。兄弟俩剑拔弩张之际，伊菲革涅亚来了。阿伽门侬一看到女儿顿觉被命运扼住了咽喉，深感无力回天。墨涅劳斯倒是有那么一瞬间忽然良心发现，意识到自己酿成了大错，极力劝阻阿伽门侬不要献祭他的女儿，但阿伽门侬已经没有退路，只能硬着头皮继续错下去。他担心，如果自己拒绝献祭伊菲革涅亚，怒火中烧的民众就会造反，那样的话不仅伊菲革涅亚性命不保，连他自己也难逃厄运。因此，身为一国之首，为守护政权、捍卫希腊的荣光，惶惶不安的阿伽门侬认为还是得杀死女儿伊菲革涅亚。

伊菲革涅亚和母亲克吕泰涅斯特拉（Clytemnestra）到达奥利斯后都很开心，母女俩很满意这门亲事。但伊菲革涅亚却发现父亲总是莫名地忧伤，一副心事重重的样子。后来，阿伽门侬命令妻子克吕泰涅斯特拉在女儿的婚礼前离开奥利斯，克吕泰涅斯特拉觉得十分诡异，拒不服从。有一天，她终于发现了丈夫正密谋献祭女儿，顿时火冒三丈。阿喀琉斯得知自己被阿伽门侬欺骗后也怒不可遏，发誓要用生命守护伊菲革涅亚。

听闻那些可怕的传言,克吕泰涅斯特拉惊恐不安、万念俱灰。她去质问阿伽门侬,阿伽门侬起初躲躲闪闪、矢口否认,但最终还是承认确有此事。克吕泰涅斯特拉勃然大怒,痛斥阿伽门侬之前就曾犯过滔天大罪。原来,当初阿伽门侬杀了她的第一任丈夫和婴孩,强行将她占为己有,但她的父亲却认下了这桩婚事,于是,她只好遵从父命,活成了一个温顺的妻子。克吕泰涅斯特拉不断羞辱阿伽门侬,试图让他改变主意。伊菲革涅亚也苦苦哀求父亲饶她一命。两人纷纷质问阿伽门侬,为什么要把海伦的境遇置于他自己女儿的性命之上,海伦只不过是克吕泰涅斯特拉的姐妹、伊菲革涅亚的姨妈。但是,面对权欲熏心的军队,阿伽门侬也束手无策,他称自己以希腊的利益为上,别无选择。

起初,伊菲革涅亚痛骂海伦,痛骂刽子手父亲,痛骂那支野心勃勃向特洛伊进发的军队。但是,后来,她发现阿喀琉斯面对怒气冲天的军队竟也无力招架,就彻底死心了。既然整个希腊都寄望于她来助力船队启航,她决心为国家大义献出生命。她不禁发问,既然"一个男人的价值胜过一群女人",那怎么能让阿喀琉斯为她而死呢?作为一个凡人,她又有什么资格违抗神阿耳忒弥斯的神意?作为回应,希腊歌队(Greek

Chorus）[1]齐声道出了真相："公主啊,您深明大义、一腔赤诚。是世风日下,神明不公。"最终,伊菲革涅亚还是英勇赴死,她原谅了父亲,还宽慰母亲不要生气,不要憎恨父亲。

这部戏剧暗含了怎样的女性观？剧中,女人被视为男人的财产！三个重要的女性角色均被视为男人的私有物品。墨涅劳斯将美丽的海伦视为己有,墨涅劳斯失去海伦后,希腊联军为夺回她发动了对特洛伊的战争；克吕泰涅斯特拉作为妻子温和顺从,阿伽门侬将其视为统治对象；而伊菲革涅亚作为女儿竟然可以被父亲擅自做主献祭。总之,剧中的女性不被允许遵从本心,呈现真正的自我,而是被迫沦为迎合男权社会主流文化的各种附属品。

剧中男性大多崇尚权力；阿伽门侬始终以希腊的国家利益为上,不管付出什么代价都在所不惜。帕里斯引诱海伦离开丈夫后,希腊联军找到了向特洛伊开战的良机。后来,就连阿伽门侬自己都意识到"希腊联军上上下下权欲熏心,超乎寻常,像着了魔一样……",但为时已晚。正是这种权欲导致伊菲革涅亚最终沦为祭品。

---

[1] 古希腊戏剧的传统,常会在台后加插一小群人以合唱的形式对台上的演出做反应或旁白,作用是承上启下、连接场次,并为剧中的情绪带来更多层次。——译者注

这部戏剧还将女性群体生硬地一分为二。美人的角色分配给了海伦，贤妻良母的角色分配给了克吕泰涅斯特拉。这部戏剧呈现的女性角色就只有这两种。整个女性群体被贬低成为男人服务的工具，要么貌美如花，要么体贴顺从。美人是男人欲望的投射，这个意象将女人置于像"永恒少女"一样傍人篱壁的境地。而贤妻良母的意象则将女人贬为依附于男主人、对其言听计从的仆人。在这两种角色中，她们都没能真正地做自己，也没能为自己而活，只有在满足男人的需求时，她们才被赋予了对应的身份。阿伽门侬国王也在用实际行动贬损女性，因为作为一个父亲，他最后竟然同意了献祭自己的女儿助希腊联军抢回海伦。他甚至还希望妻子克吕泰涅斯特拉也能甘心听从这项安排。他将自己的野心和权欲置于首位，女儿的性命都得为之让位。

正如海伦和克吕泰涅斯特拉这对姐妹分别代表了美人和贤妻良母这两种男性理想中的女性形象，墨涅劳斯和阿伽门侬也被困在与这两种女性形象相对应的男性身份中。单纯、幼稚的弟弟墨涅劳斯痴迷海伦的美貌，为了夺回海伦，不惜动用整个联军，甚至赌上了他侄女的生命。而阿伽门侬为了满足希腊联军的权欲，守住自己的王位，则直接出卖了自己的灵魂。但是，身为国王，他却异常孤独，甚至无处倾诉身为人父的正常情感。或许，对于阿伽门侬来说，献祭女儿最深的创痛就是吞声饮泣罢了。他曾坦言：

> 我落入了命运的圈套，难以逃脱，多么不幸！冥冥之中，某种神力骗过了我，她全能全智、神通广大，我根本不是她的对手。我现在悟到了，出身卑微也有好处呀！人微权轻者可以毫无顾忌地在人前落泪，可以向全世界倾倒自己的苦水。国王所受之苦一点也不少于平民，但碍于权位和尊严却不能忧形于色，活脱脱沦为了失去自由、听命于民的奴隶。我现在就是这样，明明已经悲痛万分，面上却羞于落泪，内心又因被迫隐忍而自觉羞耻。

作为一国之首和一个父亲，阿伽门侬究竟落入了什么圈套？海面无风，象征着神灵渎职。正如希腊歌队所唱的那样："……世风日下，神明不公。"阿伽门侬受男性权欲的驱使，贪求无度，以捍卫希腊人的利益为名发动了战争，为了推动战事答应献祭自己的女儿。他的女儿别无选择，只能走上祭坛，化为英魂。国王是神灵在人间的显化，负责认可并推崇大众价值观。在这部戏剧的文化背景中，女性被视作满足男性需求的物品，价值被严重践踏，因此，戏剧中的女人都没有自主权。

美人海伦像一件精美的物品一样被掳走。面对丈夫，克吕泰涅斯特拉唯命是从；面对女儿，她有些许权力，但当丈夫要杀掉女儿时，她却束手无策。身为国王的女儿，伊菲革涅亚为了国家的政治利益即将被送上祭坛，她哀求阿伽门侬放过她："……眼泪是我的撒手锏，我要使出这一招，因为我有哭的自由，我可以肆无忌惮地哭泣。"但是，在政治权力高于一切的文化价值体系中，一个无辜女孩的眼泪根本无法打动那些男人的铁石心肠。归根结底，是轻贱女性的文化将阿伽门侬国王的女儿逼上了献祭之路，而这种文化是被国王本人认可的。伊菲革涅亚心地单纯、品格高尚，她看到父亲身居王位进退两难，无力逆转局面，就原谅了他。她屈从了命运的安排，接受了世人对女性权利和价值的践踏。她为了希腊交出了自己的性命，直言"一个男人的价值胜过一群女人"。她接受了父亲的投射，化身成全希腊联军的英魂，她说：

> ……让我的父亲跟随太阳绕着祭坛踱步吧，希望就此扫清障碍，助我希腊联军所向披靡！愿神明引领我，一个为攻陷特洛伊城、征服其子民而生的女子。

伊菲革涅亚化身希腊英魂时，舍弃了女性身份和落泪的权利,"……因为在祭坛上不应该落泪"。不过,虽然她屈从了命运,原谅了父亲,她的母亲依然悲痛欲绝,最终愤然离开,一直无法释怀。因此,这个家庭的故事并未就此结束。有些版本中,克吕泰涅斯特拉后来杀死了阿伽门侬为女儿报仇,然后儿子俄瑞斯忒斯(Orestes)又杀死了克吕泰涅斯特拉为父报仇。

父亲献祭女儿的行为本质是男性力量对女性群体的绝对控制。如果在一种文化环境中,男性与女性价值彻底划清界限,压抑内在的女性原则,不允许其自然流露,不接纳女性的多重身份,将其禁锢在迎合男性需求的身份中,那么这种文化中的男性就失去了与女性价值的连接,会变得像野兽一样残忍。他们在献祭女性的时候,也献祭了自己内在的女性原则。

这种情况在《易经》(I Ching)的第十二卦"天地否"[1]中可以找到对应的表述。《易经》是中华民族智慧的结晶,其中关于宇宙和人类的基本意象是建立在女性原则和男性原则的关系之上的。两者(即阴阳两仪)和谐,则万物发荣滋长,人人神清气朗、思若泉涌,男性和女性智慧完美相融;两者失谐,则世扰俗乱。

---

[1] 易经第十二卦象征闭塞不通,即"天地不交而万物不通"。——译者注

第十二卦"天地否"的卦象是乾（阳）上坤（阴）下。关于阴阳关系，《易经》中写道：

天地不交而万物不通也；上下不交而天下无邦也。

《易经》中还写道："否之匪人，不利君子贞。大往小来。"欧里庇得斯于《伊菲革涅亚在奥利斯》中刻画的男性和女性的关系正是这样的。荣格心理学认为，男性原则和女性原则关系失谐的问题不仅普遍存在于个体之间，还会存在于个体内部。每个女人都有男性化的一面，它通常隐藏在潜意识里；每个男人也都有女性化的一面，而他往往意识不到这一面，也不会触及这一面。对于每个人来说，成长的任务就是意识到这种异性化的一面，尊重它，并在合适的场合有意识地表现出来。一旦我们接纳和认可了自己异性化的一面，它就会成为我们能量和灵感的源泉，男性原则和女性原则就能在我们身上巧妙地融合起来，同时我们与异性之间的关系也会变得更加融洽。

当女性遭受的轻贱和打压严重到一定程度时，她们就会愤然反抗，用原始的手段夺回本应属于自己的权益。克吕泰涅斯特拉就是这样一个例子，她杀死了阿伽门侬为女儿报仇。父亲献祭女儿的行为不仅伤害了女性，也在男性的内心留下了阴影。阿伽门侬其实和他的女儿伊菲革涅亚一样伤心、绝望，身不由己。

在这部戏剧中，男性为追逐美色和权力而厮杀，女人就跟着落入了美人（"永恒少女"）和贤妻（"全副武装的亚马孙女战士"）的角色旋涡，这点在挑起战事的兄弟（墨涅劳斯和阿伽门侬）和关系疏离的姐妹（海伦和克吕泰涅斯特拉）身上体现得淋漓尽致。这种性别的对立和割裂构成了父女关系创伤的前提。男性分裂为两个对立面，基于他们的欲望和需求，女性被粗暴地框定在美人和贤妻两个角色中。兄弟俩都在利用女人满足自己的欲望：一个为了玩乐，一个为了权力。伊菲革涅亚作为新生代女性，本应有无限可能。最初，身陷命运的泥潭，她确实也挣扎过、反抗过，但最终还是甘心做了男性争权夺利的牺牲品。

祭品是献给未婚少女之神和狩猎女神阿耳忒弥斯的。阿伽门侬曾因杀死过阿耳忒弥斯的一只牡鹿而得罪了她。在有些神话版本中，阿伽门侬甚至还趁机吹嘘自己的狩猎本领胜过阿耳忒弥斯，惹得阿耳忒弥斯勃然大怒。得知希腊联军即将出征特洛伊，阿耳忒弥斯不仅叫停了风，还要求阿伽门侬献祭伊菲革涅亚。可见，阿伽门侬对阿耳忒弥斯不恭，忽视了女神的感

47

受。从心理学的角度来看，轻慢女神意味着未能对她所代表的精神层面给予有意识的重视。作为未婚少女之神，阿耳忒弥斯象征着处女自在其身（being at one-in-herself）的品质，即女性以自我为中心和独立自主的内在态度。阿耳忒弥斯的神职之一就是保护青春期的女孩并教会她们自食其力。这与阿伽门侬所推崇的主流文化价值观相悖。女性并未在男性的意识层面激起任何波澜，所以，阿伽门侬才会无视妻子的怨愤，漠视女儿的哀求。他拒不接受女性独立自主，也不敬重尊贵的女神阿耳忒弥斯。他的眼中只有权力，只顾着将看中的东西占为己有，如阿耳忒弥斯的牡鹿。也许阿耳忒弥斯要求阿伽门侬献祭自己的女儿，是为了让阿伽门侬认识到轻慢女性会给他自己带来怎样的损失。一味注重权势的后果就是失去女儿，而他的女儿象征着他自己身上潜在的女性特质。如果一个男人践踏女性的人格和尊严，他就失去了与女性原则的连接。因此，从某种意义上说，向阿耳忒弥斯献祭就是在建立对女性自主权的认同。

尽管《伊菲革涅亚在奥利斯》是一部古希腊戏剧，写于公元前405年左右，但在我们现今的文化中，同样的剧情仍在上演。在众多男人眼中，女人依然只能是贤妻或美人，或者与之关联的角色。许多女性发现自己依旧在为男人而活，并没有活出真正的自我。作为反击，一些女性开始摆脱传统角色的桎梏，积极投身职场实现自我。但是，为了斩断对他人"永恒少女"式的依赖，她们常常在言行举止上模仿自己的男性榜样，反而固化了整个社会贬低女性的价值取向。还有一些女人像克吕泰涅斯特拉一样在绝望中愤愤不平，她们表面上可能会安分守己地维持固有的形象，但会在私下里释放自己的怒火，具体表现为拒绝性生活、出轨报复、透支丈夫的信用卡、酗酒，她们可能会染上疾病、患上疑病症、抑郁症或尝试自杀。

或许，对于男人来说，最大的创伤莫过于无法承认内心的伤痛，无法放声痛哭。许多父亲误认为自己必须永远正确，总是为自己辩护，以确保自己的绝对掌控地位和至高无上的权威。我们这个时代的许多男性对权力趋之若鹜，渴望功成名就，久而久之就陷入了这种状态。他们丧失了落泪的能力，也无法接纳和欣赏自己纯真、柔和及女性化的一面。像阿伽门侬一样，他们在追权逐势的途中献祭了"内在的女儿"。或者像阿伽门侬的兄弟墨涅劳斯一样，他们拜倒在异性的石榴裙下，断开了与内在固有女性特质的连接。在这两种情况下，独立的女性精神都未得到尊重和珍视，甚至被丢弃了。

《伊菲革涅亚在奥利斯》像一面镜子，照出了当今社会的诸多问题：两性之间的秩序混乱，权力争夺之势仍然如火如荼；大多数男人和女人仍未发展出真正的自我精神（即女性原则和男性原则的和谐共融)。至少,两性现有的关系模式确实存在很多问题。不过,哪里有问题和不足,哪里就有探索、觉察和希望。

如今,在我们的文化中,"伊菲革涅亚"的身影依然随处可见。人们对女性的认知依旧狭隘、刻板,这种狭隘的认知根植于文化深处,很多女孩的父母也固执成见,"伊菲革涅亚"们都深受其害。这些女性经常愤愤不平。她们觉察到,在我们的父权文化中,男性普遍与自身的女性特质连接不足,他们无法接纳自身的女性特质,导致女性的角色定位也受到了相应的影响。然而,即使有了这种觉察和认知,她们还是深感束手束脚、绝望无助。

琼(Joan)就处在这样的尴尬境地。琼40多岁,是一个才华横溢、魅力非凡的女人。从小,她就认为,女人当如海伦——花容月貌、百媚千娇,既能以色事人,又能阿其所好、奉令承教。琼之所以会有这种想法,主流文化自然是主因,但她父母的影响也不容忽视。她的母亲身上存在两种对抗的女性特质,像是有两副面孔:有时候看起来乖巧可爱,一副人畜无害、小鸟依人的模样(像个"永恒少女");有时候却表现得非常独立,一副独行于江湖的女战士模样(像个"全副武装的亚马孙女战士")。所以,她的母亲根本无法松弛下来,心无旁骛地享受与丈夫的婚姻生活。处在这样的婚姻中，她的父亲心灰意冷。他很爱自己的女儿，可能是爱意太浓，所以无意识地在女儿身上投射了对爱人的期望。琼感知到了这种投射，也觉察到了父亲的负罪感。

通过梦境中的意象，琼看到自己承担了很多角色，但那些角色其实并不适合她。有一次，她梦见母亲将她定位为灰姑娘的角色，她只好硬着头皮去清理肮脏的灰烬。从某种程度上看，这其实是母亲给她的一种无意识的暗示，暗示她不如自己漂亮，暗示她做一个孝顺的女儿，帮父母抚平彼此之间的裂痕。于是，琼挺身而出，做了父母关系的调解人。同时，她还在职场努力打拼，事业风生水起。但在内心深处，她却十分自卑，因为她暗自希望能成为"海伦"。海伦是她父亲的梦中女神，是主流文化认可的大美人。在琼当时所处的社会环境中，女性的理想中的婚恋轨迹就是：先在联谊会找个男生约会，然后将其"套牢"，大学一毕业就赶紧结婚。琼十几岁的时候意识到自己的外形和心智都与理想中的这个女性形象相去甚远。她感受到了来自同龄人和婚恋市场的压力，难免自卑自怜。她虽希望得到主流文化的认可，却又讨厌主流文化推崇的那种女性形象，因为她知道这种文化取向压抑了女性真正的需求，扼杀了女性的发展潜力。她总是会喜欢上那些比她年轻、幼稚的男人，而她则在情侣关系中扮演着母亲的角色。这些恋情最终都失败了，因为那些男人都未能与她建立起她所期待的那种成熟、稳定的关系，而且那些男人在性关系中都缺乏安全感、比较被动。在琼的梦中，父亲频频以道德判官的身份出现，谴责她是好色之徒。所以，她选择和那些在性生活方面表现不够成熟、无法与其建立成熟性关系的男人交往，借此避开父亲对她的占有欲。

在职场上，她也算是个成功人士了。但即使是在职场，她竟然也无意识地以男性视角来看待问题。比如，在选择项目时，她没有凭对女性成长认知的直觉感受选择创造性的项目，而是选择了行政项目。虽然她也完成得很好，但她在这些项目中并没有最大程度地发挥自己的想象力，也没有施展创新力的空间。她知道如何在以男性为主的商业世界中取得成功，她努力工作，获得了经济独立。但她不想一直做女强人，也渴望被人照顾。表面上，她活得像个"全副武装的亚马孙女战士"，尽职尽责、无坚不摧；心底里，她却渴望成为海伦那样的美人，成为男人梦寐以求的"永恒少女"。和许多女人一样，她对那些顺利过上"永恒少女"生活的美人心怀妒恨。

琼感到自己被这两种对立的女性形象困住了。在情感层面，她显然不满足于做一个尽职尽责、任劳任怨的母亲，她那么自立、思想那么新颖，一定不甘心只做男人的理想配偶。她就像当代的伊菲革涅亚，因为父亲不认可独立女性精神，就把她作为祭品送上了祭坛，只不过这个父亲是文化意义上的父亲。但与欧里庇得斯戏剧里的伊菲革涅亚不同，琼并不接受文化父亲对女性特质的投射。在现实生活中，她组建了一个女性小组，专门研究那些出现在多种文化传说和多个神话故事中的女神形象。在梦中，有一个神秘而强大的女人主动接近她，邀请她骑一头大象，而大象是印度贵族骑乘的动物，属于王室坐骑。身为女性，她在这个梦里身临其境地体验到了极致的喜悦和兴奋。经由这种体验，她的内心滋生出一种力量，这种力量不需要取得外在的男人和父权制度的认可，即可源源不断地流淌和蔓延。印度女诗人米拉拜（Mirabai）就曾创作过一首诗，生动地描写了一个女人在感受到内在的女性核心和精神力量后的狂喜体验，重新定义了身为女人的意义。诗人罗伯特·勃莱（Robert Bly）[1]曾翻译过米拉拜的诗歌。对于米拉拜，他曾感慨："她自信不疑，自怜闻风远遁。"这首诗叫作《为什么米拉不能回到旧居》（"Why Mira Can't Go Back to Her Old House"），内容如下：

---

[1] 美国20世纪六七十年代"新超现实主义"诗歌运动的主要推动者和代表性诗人。——译者注

黑暗之主[1]的颜色已渗透米拉的每一寸肌肤；其他的颜色都消失殆尽。

与克里希纳（Krishna）[2]水乳交融[3]、食无求饱——于我犹如珍珠玛瑙。

念珠和额头上的纹印——于我犹如手镯般的饰品。

不要再教我搔首弄姿、以色事人了，我早就厌烦了那些路数。

你接受也好，不接受也罢，我都将日夜赞美山岳的力量。

我走上了一条崭新的道路，几百年来，走过这条路的人们都欣喜若狂。

我不偷鸡摸狗，也不撒泼行凶——你还能给我安上什么罪名？

我已经骑上大象，感受到它的脊背在摇动……你现在让我改骑一头蠢驴？

别开玩笑了！

1　指克里希纳。——译者注。
2　字面意思为"黑色的神"（黑天），通常被认为是毗湿奴神的第八个化身。在《薄伽梵歌》中被称为"最高的宇宙精神"。黑天的形象在印度的民间文学和绘画、音乐等艺术形式中经常出现。——译者注
3　指米拉与克里希纳神的灵性结合和精神交流。——译者注

第三章 "永恒少女"

> 我的灵魂实在可怜可悲,它如柳条一般任人弯折、摆弄,却只能忍气吞声、默默承受。
>
> ——卡琳·博耶(Karin Boye)[1]

睡美人的父亲是一位国王,他将女儿视若珍宝,却偏偏在为她举办洗礼仪式[2]时漏邀了一位年高位重的仙女。这一疏忽导致公主中咒后沉睡了整整100年,她周围的一切也同时陷入了凝滞。灰姑娘的继母专横跋扈,父亲却对她唯命是从,任由她恣意妄行。继母嫉妒灰姑娘的美貌,只给她穿破衣烂衫,甚至还把她当佣人使唤,让她洗碗刷碟,干尽粗活。这两位父亲看似不同——一位是表面威风的国王,一位是不作为的懦夫,但他们的女儿却都因他们尝尽了苦头。睡美人和灰姑娘都是被置于劣势地位、无法掌控自身命运的小女孩形象,两者不约而同地诠释了囿于"永恒少女"框架中的女性所陷入的同一种生

---

[1] 瑞典著名的女诗人。——译者注
[2] 基督教的入教仪式。——译者注

存模式。她们最终都是被王子所救，正如那些在婚姻中寻求庇护的女性一样。只不过，那些视婚姻为救赎之路的女性到最后都会发觉早已负心违愿、身不由己。

女性接连堕入背弃自我的歧途，我们的文化难辞其咎。人们在赞美女性时通常只会使用"随和""灵活""温柔""纯美"等字眼，社会也乐见夫唱妇随、"妻以夫为纲"的亲密关系模式。身陷这种生存模式的女性只能固守着那张贴在自己身上的女孩标签。就像彼得·潘[1]一样，出于种种原因，她们不愿长大，宁愿一辈子做小女孩。这其实不难理解。做个小女孩，就能被别人当作小甜心捧在手上，做重要决定时就可以理直气壮地依赖强者；做个小女孩，就能不停幻想有人会如穿越睡美人荆棘之篱的王子一样历经艰辛来拯救自己，就能与所有暧昧对象调情，化身各色男人的心仪对象，甚至还可以逃避现实，活在自己设想的乌托邦中。从这个角度看，这样的生活似乎惬意又多彩。但是，这种生活的弊端也不胜枚举。为了换取上述红利，这些女人往往会丢掉自我、放弃人生的主动权，转而依赖他人。她们会放弃个人成长和职业发展，停止对自我身份的探索，根本无法熬过艰难的自我蜕变以活出真正的自我。

---

[1] 一个不愿长大也永远不会长大的小男孩。出自苏格兰作家詹姆斯·巴里（James Barrie）的笔下，《彼得·潘》的主人公。——译者注

通常，她们的身份均来自他人的投射，比如祸水红颜、乖女儿、迷人的娇妻、得体的女主人、美丽的公主、灵感缪斯，甚至悲情女主角。她们不思进取，逃避自我成长的责任，甘愿自暴自弃，任由别人像对待玩偶一样摆布自己的人生。

为了更好地了解这些"永恒少女"，我们需要先观察她们的几种生存状态，然后，我们才能顺藤摸瓜，去探讨适合她们的改变之道。下面这些例子并非要将她们简单粗暴地归类。在实际生活中，同一位女性有可能在不同的人生阶段、不同的境遇中经历多种生存模式。这只是我个人想到的一些例子，有些女人可能会在其中看到自己的影子，带着这种觉知，她们或许能获得一些新的视角来反思自己的人生。

1. 可爱玩偶

在"永恒少女"群体中，有一类人的角色类似于"宠儿"。她们不断迎合男人对女性的幻想，活成了爱人憧憬的模样。表面上，她们看起来自信又满足，像有着强大靠山的公主，引得许多女人悄悄羡慕。但在内心深处，她们却脆弱难安，因为她们一直在忙着取悦别人，对自己的身份十分迷茫。

就像电影《亲爱的》（*Darling*）[1]中的模特一样，她们被物化了，她们的身份只能由其凝视者来定义，如模特的样子是由掌镜的摄影师所决定的。本质上，她们只能算是别人的玩偶或者牵线木偶。

她们努力取悦丈夫，甘心囿于家庭女主人的角色，直到中年婚变，才惊觉自己几乎没有任何生存能力，也未曾谋求过一丝一毫的个人成长。有多少女性婚后大部分时间都在以这种方式蹉跎岁月？

易卜生（Henrik Ibsen）[2]在他的戏剧《玩偶之家》（*A Doll's House*）中将这一类女性的生存模式刻画得淋漓尽致。主人公娜拉（Nora）是一位迷人的小娇妻，她精心打扮自己取悦丈夫托伐（Torvald），并对他言听计从。对丈夫来说，她是玩偶，是掌心的玩物。他变着花样用各种爱称唤她，如"娇羞小宝贝""小松鼠""小云雀""小败家媳妇""小歌鸟""小笨蛋"等。在托伐的眼中，娜拉需要被保护起来，因为她没有应对现实的能力，对金钱没有概念，没有能力自己做决定，也扛不起生活的重担。娜拉的父亲像个老小孩，托伐曾就此抨击过

---

1 约翰·施莱辛格执导的一部英国电影。该片讲述了一个普通的广告模特通过她所接触的男人一步步地爬到上层社会的故事。——译者注

2 亨利克·易卜生，挪威戏剧家，欧洲近代戏剧的创始人。——译者注

他。但同样的品性放在娜拉身上，他就觉得恰如其分，甚至十分迷人。比如，他曾对娜拉说：

> 以后你尽管靠着我，我会给你出谋划策，为你指引前路。在我眼里，你茫然无助的样子格外迷人。若非如此，我还算什么男人？……我定会一心一意待你、竭尽全力对你好。

当时，娜拉的丈夫还不知道，他生病时，娜拉曾借钱给他支付了一次外出疗养的费用，那次疗养对他的康复至关重要。娜拉知道丈夫大男子主义十足，自尊心太强，要是知道她借钱帮过自己，肯定会觉得颜面尽失、难以接受，所以她一直没有告诉丈夫。后来，她偷偷工作了几年，悄悄还清了那笔借款。不过，当初为了借到那笔钱，她伪造了父亲的签名，因为父亲当时已经病危。后来，债主威胁娜拉要将她伪造他人签名的丑事公之于众，娜拉进退两难，内心十分煎熬。起初，她使尽浑身解数，将"小松鼠"的魅力发挥到极致，千方百计想瞒住丈夫。渐渐地，她意识到，这样其实是向丈夫隐藏了真实的自我，不仅隐瞒了自己犯下的错误，还隐藏了自己真实的能力和内在的力量。随着时间的推移，她变得越来越清醒。于是，她决定直面事实，不再遮掩。后来，丈夫知道此事后火冒三丈，担心自己名声受损，连声呵斥她做事不靠谱。他愤怒地对她吼道：

> 你知道自己捅了多么大的娄子吗？……你父亲做事就毫无章法，你可真不愧是他的女儿。真是上梁不正下梁歪，没有宗教信仰，不讲道德，不负责任……

看到丈夫的反应，娜拉意识到自己以后不能再继续迎合丈夫、讨他欢心了，她必须做回自己，在他面前展现真实的自我。债主后来决定不再追究伪造签名一事，丈夫没有为此遭受严重的损失，就原谅了她，她似乎又可以做回"玩偶"了。但她觉察到，丈夫之所以会转变态度只是因为外部因素发生了变化，他还是不了解她，仍然把她当作没长大的孩童。她直截了当地指出，这是他们结婚八年来第一次正儿八经的交谈。她坦言：

> 我受尽了委屈，托伐——之前是从父亲那里，现在又从你这里。你们从未真正爱过我，却还陶醉在这种自以为是的爱里。嫁给你之前，家里大事小事都是父亲说了算，

我只能服从，即便心里有异议也不敢说出来，生怕他不高兴。他叫我"乖娃娃"，把我当作玩偶宠爱，就像我小时候玩布娃娃一样。后来我嫁给了你，和你一起生活，但我的生活却依然如故，只是操纵我的人变成了你。你掌控着一切，你的好恶，我照单全收，或者说我只能假装爱你所爱、憎你所憎。时间一长，我甚至都不确定自己真实的感受是什么了。

娜拉意识到自己一直在依赖男人生活，以至于根本没有清晰的自我认知。她明白，唯有独立自主，才能找到真正的自我。她决心试着形成自己的价值观和态度，而不是盲从他人、随波逐流。在这部剧中，娜拉最终决定离开丈夫和孩子，只身一人出去闯荡。

这个结尾似乎有些激进（要知道，这部戏剧是易卜生于1879年创作的），即使是现在，也鲜有女性会那么决绝地离开家庭独自生活。不过，我觉得最重要的是要看到这种行为背后的意义；也就是说，要认识到，女性不能仅仅为了迎合丈夫的幻想、认同丈夫的投射而存在，女性必须找到真正的自我。试想，如果一个女人亲眼看到自己像个木偶一样任人摆布，不能掌控自己的人生，她该有多么愤怒。不过，即便如此，处在这种境遇中的女性也应避免沉溺于愤怒，千万不要只顾着唉声叹气、怨天怨地。极有可能，人们对女性的认知偏差来自那些处于父亲、丈夫角色中的男人，乃至整个男性群体的投射。对于这种投射，如果女性只是一味指责，反而会强化女性的被动地位和依赖他人认可的形象。此外，需要注意的是，那些表面对丈夫百依百顺的妻子内心大多都很强势，她们可以不动声色地操纵丈夫的生活，就像娜拉一样。这些女性的课题是尽早开始形成自己的价值观和人生观，有意识地认可自己的力量，敢于打破常规，大大方方地将它展现出来。

有位女士前半生一直在做别人"心爱的玩偶"。有一天，她做了一个梦，梦见好多玩偶，那些玩偶着装一致，个个都是男人模样。它们一字排开，乖乖地任她挑选。经由这个梦境，她意识到，自己活得就像男人的玩偶，没有独立的身份，只是不停地迎合男人的幻想，而男人于她也同样只是"玩偶"。她和那些男人之间缺乏深入的情感交流，关系冰冷、肤浅。在第一次婚姻中，她和前夫就处于这种典型的关系模式，完全复制了她和巨商父亲的相处模式。后半生，她改变了生活的重心，专注于提升自身的能力。后来，她遇到了一个男人，这个男人十分尊重和欣赏她努力追求个人成长的模样。在他的眼里，这位女士不仅美丽动人，而且魅力四射。

2. 玻璃女孩

还有一类"永恒少女",她们腼腆、脆弱,整日生活在幻想中,与现实脱节严重。田纳西·威廉斯(Tennessee Williams)[1]在戏剧《玻璃动物园》(*The Glass Menagerie*)中生动地呈现了这一类女孩的生活。主人公劳拉(Laura)的父亲是一个典型的"永恒少年",他英俊潇洒、放浪不羁,多年前抛妻弃子离家出走,从此杳无音信。劳拉家客厅拱门左侧墙壁上挂了一张父亲的巨幅照片,照片上的父亲笑得肆无忌惮,似乎仍能在无形中掀风作浪。作为剧中的叙述者,劳拉的兄弟曾指着这幅照片这样描述他们的父亲:

> 这是我们的父亲。很久以前,他就离开了这个家。他曾经在一家电话公司上班,但他却爱上了长途旅行。于是,他放弃了工作,悄悄溜出了城……他最后一次和我们联系,是从墨西哥太平洋沿岸的马萨特兰(Mazatlan)寄来一张图画明信片,上面只写了几个字"你们好,再

---

[1] 本名托马斯·拉尼尔·威廉斯三世(Thomas Lanier Williams III),美国剧作家,以笔名田纳西·威廉斯闻名于世。代表作品有《欲望号街车》等。——译者注

见！"，没有留下地址。

"永恒少年"丈夫不知踪影后，劳拉的母亲满腹怨言。她拼命地操劳，极力夸大自己的苦痛，似乎在用这种方式宣泄自己的不满。她活在幻想的世界中，沉溺于过往的回忆，不停地把自己的愿望投射到女儿身上。她希望女儿在舞会上艳压群芳，就像她婚前那样。然而，尽管劳拉也活在幻想里，但她和母亲截然不同。她天天守着父亲留下的留声机旧唱片和自己亲手打造的一个玻璃动物园。动物园里全是用玻璃制作的小动物，她用自己的想象为这些小动物构筑了丰富多彩的生活。在这些玻璃动物中，她最喜欢的是一只独角兽。独角兽是一种虚构的梦幻角马，自古以来深受少女们青睐。她对母亲所向往的那种社交名利场根本不感兴趣，玻璃动物园和父亲的留声机旧唱片才是她乐在其中的世界。

这些易碎的玻璃动物象征了劳拉内心的脆弱以及她对现实世界的疏离。作为怀旧元素，音乐和留声机旧唱片提示了，父亲虽不在身边，但在情感上并未彻底缺位。劳拉患有残疾，一条腿比另一条腿稍微短一点，平时还需要绑着支架。这种残疾身份的设定象征了她的家庭环境给家庭成员造成的心理上的创伤和缺失。劳拉的心理问题非常严重，她极度胆怯和自卑，因此未能完成高中学业，后来母亲又送她去了商学院，但她还是辍学了。

许多女人终其一生都沉浸在幻想中，或与"幽灵情人"共度晨昏，或做着神秘的白日梦。她们无法融入现实世界，也无法与男人建立连接，守着自己幻想中的玻璃山画地为牢。她们的处境与劳拉并无殊异，差别只在细微之处。但是，相比之下，劳拉算是幸运的。有一天，一个男人闯入了她的世界，这个男人不同于她的任何一个家人。虽然只来了那一个晚上，但对劳拉来说，他就像睡美人的王子一样，意义非凡。在母亲的一再要求下，劳拉的兄弟邀请了朋友吉姆（Jim）到家里共进晚餐。劳拉在高中时期就非常崇拜吉姆。他性格外向、热情友好。同时，他还踏实、务实，很接地气，这正是劳拉的父亲所欠缺的，也是她那位急于摆脱家庭束缚的兄弟无法做到的。吉姆来访时，劳拉一开始害羞地晕过去了，根本没办法和大家一起用餐。后来，吉姆和她聊了聊，就顺利地撬开了她的心锁。感受到他的温暖和善意后，劳拉的羞怯渐渐消退。她向吉姆展示了自己的玻璃动物园，重点介绍了那只独角兽。吉姆觉察到劳拉是因为自卑而害羞，就告诉她不要看轻自己，要相信自己远比想象中优秀，认为她只是夸张地把自己的腿疾放大了一百倍。他和她分享了一些自己的生活点滴，还邀请她一起跳舞。

她一开始不敢尝试,直言自己不会跳舞,但他一直鼓励她,她就勇敢地跳了起来。他们跳着跳着,那只独角兽突然从桌子上振落,角摔断了,成了一只普通的马。那可是劳拉奉为珍宝、爱不释手的独角兽啊!就算她因此远离吉姆以及与他相关的一切,也不难理解。但她明白,独角兽已经不复存在了,怪罪吉姆也毫无意义。于是,她平静地接受了事实,甚至还宽慰自己说独角兽现在终于显得不那么特立独行了。她把那只残缺的独角兽作为离别礼物送给了吉姆。不过,后来,劳拉得知吉姆已有婚约。但有幸获得过一个如此温暖、体贴、通达人情的男性的包容和理解,劳拉终于从她的玻璃世界向外迈出了一大步。她能起身和别人共舞,还能把钟爱的独角兽送给别人,意味着她勇敢地推开了生活的大门,越过了行走人世的障碍。这样看来,在劳拉的蜕变过程中,是这位男性按下了启动的开关,他是劳拉此前的生命中未曾出现过的男性角色。但不要忘了,是劳拉主动回应了他,才得以凭借信念的跃升,一改故辙,知难而进。

在我们之前讲述的父女关系模式中,父亲在女儿身上投射了太多的欲望和期待。对于那些关系中的女性来说,她们的人生课题是打破父亲和丈夫对自己的投射。而劳拉面临的课题是父亲的缺席。劳拉与父亲几乎没有建立任何连接,父亲未曾给予她任何主动的、有意识的影响，她与外界也几乎没有交流。当然，她的母亲曾试图以自己的方式帮她建立与外界的联系，但母亲自己也活在幻想中，并不真正了解自己的女儿。在这种情况下，劳拉虚构了一个小天地，整日沉溺其中，在自己与外界之间架起了一道屏障。很多女人都是如此，但是她们隐藏得很好，所以外人并不知情。不过，一旦她们的幻想世界被现实击溃，她们通常会选择寻求心理治疗。

为了逃避真实的外向型世界，有些人一头扎进了书堆，尤爱诗歌和玄幻故事。我有一位来访者就是如此。孩童时期，她也曾拥有过一个玻璃动物园。她从小家境贫寒，父亲也不知踪迹，到手的每一分钱，她都毫无保留地花在了收藏玻璃动物和书籍上。小时候，她最喜欢的书是《海蒂》（*Heidi*）。书中讲述了失去双亲的孤女海蒂和愤世嫉俗、离群索居的爷爷在阿尔卑斯山区生活的故事。海蒂活泼开朗，她的热情和率真感染了爷爷和久病卧床的小女孩，他们感受到了海蒂的爱心和善意，成功找回了心灵的力量。这位来访者的个性有点像海蒂，但她的个性在儿时被压抑了，一直到她长大重拾自信后才得以显现。后来，她鼓起勇气尝试写作，并因此走进公众视野。随着事业的发展，她还需要面对巡回演讲的挑战。她的脑子里经常涌现出玻璃女孩式的可怕幻想，担心自己会当众昏倒。每次演讲前，她都忐忑不安、痛苦万分，但她还是选择了迎难而上。如此反复后，她成功地将自己的内心想法与外部世界连接在了一起，也得以与他人分享自己那些独到的见解。

3. 脱缰之马

有一类"永恒少女"犹如脱缰之马。这类女性行事冲动、自在如风、活力四射。在别人眼中，她们坦率直爽、自由洒脱、随心所欲，生活过得狂野又刺激。她们如鸟儿一样，四处翱翔，未来似乎充满了无限可能。但是，她们的这种生活其实就像天上的云朵，旋生旋灭、虚无缥缈。这类横冲直撞的"永恒少女"边界感模糊，不受约束、不守规则，在真实的物质世界中无所适从，无法自如地驾驭时间。她们的生活大多没有方向和计划，只是盲目顺应当下的体验和感受。这样的女人通常直觉敏锐，具有艺术天赋和神秘主义倾向，想象力丰富，更易在潜意识领域和原型领域展开探索。她们与羞怯、脆弱的"永恒少女"有相似之处，但她们并不胆小、孤僻，也不逃避现实。她们喜欢冒险，敢于在稀薄的空气中挣扎飘摇，享受险中求胜的快感。

阿娜伊斯·宁就是一个"永恒少年"的女儿。在小说《爱情谍屋》（*A Spy in the House of Love*）中，她形象地描述了这类"永恒少女"的生活。如书名所示,主人公萨宾娜(Sabina)过着间谍般的生活。在亲密关系中,她满口谎言,不做任何承诺,为了能随时抽身投入下一段感情,她必须像间谍一样,时刻提防暴露真我,以免真相败露。她像转动万花筒一样不停地变换自己的身份,接连投身一段又一段亲密关系,速度之快令人咋舌。后来,萨宾娜嫁给了一个成熟稳重的男人。对她来说,这个男人犹如慈父,她需要这样一个男人稳稳地托住她的人生,而她自己在这份关系里更像是"一个为了玩禁忌游戏离家出走的青少年"。萨宾娜无法忍受日常生活中的条条框框,一直在对抗那些规则。那些束手束脚、风平浪静的日子对萨宾娜来说就像牢笼。她感到,生活中的各种界限、身上的所有标签、居住的房子,以及那些需要承担的责任都在挤压她的生存空间,把她逼进了一片波澜不惊的死水潭,在那里她似乎再也无法激起任何水花。她坦言:"我想突破极限,想自由地飞翔,我击碎了平凡的生活,义无反顾地奔向风起浪涌的爱河……"

与大多数人不同,萨宾娜将月亮视作重要的光源和星球,而非太阳。她深感只有夜晚和潜意识才是完全属于自己的。16岁时,大家都在享受日光浴,她却选择了月光浴,因为她听说日光浴很危险。月亮经常只露半边脸,她也过得十分低调,感情生活更是不容外人窥探。在恍如梦境的光阴里，她仿佛冲破了时间的束缚，遨游在无垠的境界。沐浴在月光中，萨宾娜想象着月球上的情侣一定"不安于一隅，不生养孩子，不干涉对方的自由"，而这正是她所向往的。

为了过上那种自由自在、变幻莫测的生活，萨宾娜欺骗了丈夫，告诉他自己是一名演员，必须到处巡演。从某些方面看，她确实和演员无异。比如，每天，她都会换上一套新的妆造，去见不同于昨日的情人。但与职业演员不同，她所扮演的这些角色永远无法杀青，因为那些情人对她非常信任，并不知道她在演戏，如果他们得知真相，一定会火冒三丈，感觉遭受了背叛。因此，萨宾娜时时刻刻都得站在舞台上表演，没有一丝喘息的空隙，真正的自我早已不知踪迹。

萨宾娜意识到，是她那如唐璜般浪荡的父亲"附在她体内，左右着她的脚步"。萨宾娜的母亲默默地守护着他们的家，多年来一直任劳任怨、全心全意。和萨宾娜一样，父亲也是仗着有母亲这个后盾，才潇洒地转身离开，肆无忌惮地在外寻欢。

所以到底是萨宾娜在恣心纵欲、朝欢暮乐，还是她的内在父亲经由她在寻欢作乐？或许是因为她的身体里流淌着父亲的血液，是父亲在诱使她放纵情欲，指使她瞒天过海、逞性妄为？因为这层血缘的羁绊，她自然无法摆脱父亲的影响，所以，她也无法确定自己的哪些行为是出于本心，哪些行为是代父偿愿。毕竟，在效仿风流浪荡的父亲时，她变得越来越像父亲了。

那么真正的萨宾娜去哪儿了呢？

"真正的萨宾娜去哪儿了？"萨宾娜不停地拷问自己。内疚、羞愧和焦虑同时向她袭来，她意识到自己关于情爱的焦虑与那些瘾君子和赌徒的心理问题并没有太大的不同，她也实施了强迫行为，感受到了无法遏制的冲动，事后也经历了同样的沮丧和内疚，之后又反复实施强迫行为。虽然萨宾娜是对情爱上瘾，但她与那些瘾君子和赌徒的下场是一样的。她感觉到自己精神涣散、绝望无助、不堪一击。她抬起头，只见天空深邃无垠，而自己的头顶却没有任何遮蔽物。恍惚间，她觉得自己仿佛已经失去了大教堂的庇护，"天高地阔，自己竟无从依附"。萨宾娜泪流满面，多希望有人能够制止自己的荒唐行为，这样她就不用再周旋于各个情人之间，就不用再过那种割裂和混乱的日子。

一个深夜，心灰意冷的萨宾娜匿名拨打了一个陌生号码，

71

试图寻求帮助。电话接通后，萨宾娜发现那头的男声竟然来自一台测谎仪。这意味着萨宾娜有机会觉察自己自欺欺人的行为，激活更高层次的意识，勇于承担更多的责任。测谎仪问她想要坦白什么，提醒她尝试做自己最严苛的判官。萨宾娜承认自己在贪求无节制的自由时，内心翻涌出了罪恶感，感到自己被什么力量卡住了。她要求测谎仪帮她消除这种罪恶感，但是测谎仪告诉她，只有她自己才能解救自己，当她拥有爱的能力时，那种罪恶感自然会消失殆尽。她直言自己拥有许多情人，想借此证明自己已经拥有爱的能力。然而，测谎仪指出，那些情人只不过是她的投射而已。在她的投射中，那些情人要么是为她厮杀的斗士，要么是英俊如唐璜的贵族公子，要么是接替她父母角色的判官。她没有把他们看作独一无二的个体，也未能看见他们真实的自我，而是给他们穿上了虚幻的外衣，把他们想象成自己想要成为的人物。

对于萨宾娜来说，唯一的救赎之道就是红着眼眶承认自己自欺欺人。但是，到目前为止，她还在想方设法逃避罪恶感，不断地为自己不负责、不节制的行为寻找借口。她需要认识到，在变化与永恒之间其实存在着一种动态平衡。后来，在听贝多芬的四重奏作品时，她忽然领悟到了这一点，顿时潸然泪下。

这类"永恒少女"好高骛远，看不见真实的他人和自我，忽略了人的局限性。她们需要做的是认清现实、遵守规则、勇于承担责任。若能领悟到有限与无限的辩证统一，她们就能豁然开朗。贝多芬的四重奏作品刚好就能给听者带来这样的超验体验。艺术创作也是获得超验体验的绝妙途径。比如，阿娜伊斯·宁就是通过写作将直觉和灵感付诸笔端，将人生的可能性与现实性糅合在了一起，从而跳出了"永恒少女"式的生活模式。

最近，有位女士来电预约。她青春洋溢、活力四射。我问她为何寻求心理帮助，她说她爱上了一个男人，那个男人也爱她，却告诉她，除非她能"安定下来"，认清自己的价值，否则不会把她当作真正的人生伴侣。所以她的目标是找到自己的身份和价值，而不是像现在这样总是在亲密关系中失去自我。她换了一个又一个男人，试图用她睡过的男人的数量和这些男人国籍的多元来证明自己的价值。19岁时，她已经睡过30多个男人了，这些男人大多来自不同的国家。她太随性了，经常头脑一热和街头偶遇的陌生人上床。我要求她写下自己的梦想拿给我看，她总是忘记写，即使写了，也是写在旧账单、厕纸或者手边的任何东西上。从她小时候开始，她的母亲就一直希望她能洁身自好、守身如玉，而她的父亲在情感上是缺位的。起初，她对母亲百依百顺，甘做母亲的宠儿和乖乖女，后来她开始叛逆，活成了母亲最不希望她成为的样子。有一次，她梦见自己变成了一只法国贵宾犬。那是她母亲最喜欢的宠物。母亲喂给她一份拌了毒药的狗粮，她先是吞了下去，后又立即吐了出来。这就是她内心的真实写照。她很想成为母亲的宠儿，却接受不了做一个冰清玉洁的"处女"。于是，她性情大变，成了一个滥交成性的"荡妇"。父亲未能给予她足够的陪伴，没有帮助她看见和肯定自己作为女性的价值，所以她试图通过放荡不羁的生活来对抗母亲的管教。但是，这样的她根本无法与她所爱的男人建立健康的亲密关系。

4. 边缘另类

还有一类"永恒少女"，她们因为父亲而蒙羞，或在社会中被排挤，或选择与社会对抗。这样的女人可能会认同父亲，与父亲惺惺相惜，所以，一旦她们在社会中碰壁，她们就会开始对抗社会。或者，她们最初并不认同父亲，但后来自己也无意中露出了阴暗的一面，久而久之就陷在阴暗面中无法自拔。在这样的家庭中，母亲往往都会自以为是地站在道德高点，对"不称职的父亲"横加指责。如果女儿表现出任何与父亲相似的行为模式，母亲就会呵斥女儿，担心女儿将来会重蹈父亲的覆辙。这时候,女儿如果能听从母亲的"忠告"(在这种情况下,大多会走"全副武装的亚马孙女战士"路线)倒还好;相反,如果她们不听劝告,一意孤行,她们就很有可能会紧步父亲的后尘,踏上自我毁灭之路。

陀思妥耶夫斯基笔下刻画了许多这样的女性人物。她们的父亲都有这样或那样的不良嗜好。我发现,这些"永恒少女"的内心个个都藏着一位陀思妥耶夫斯基式的"地下情人"。他们悲观厌世、自暴自弃。这些女性大都习惯了在忍气吞声中消极度日,极易走上酗酒、吸毒、卖淫的道路,陷入自杀幻想,或对亲密关系病态上瘾。或者她们会嫁给像自己父亲那样的男人,在颓丧的生活和失意的婚姻中苟延岁月、日渐枯萎。这些女人就像被冥王劫入漆黑冥界的珀耳塞福涅(Persephone)[1],自我力量所剩无几,内在的男性特质也没有滋长的土壤,摆脱困境的希望十分渺茫。

阿瑟·米勒(Arthur Miller)[2]在戏剧《堕落之后》(*After the Fall*)中描述了这类"永恒少女"的生存状态,借鉴前妻玛丽莲·梦露(Marilyn Monroe)的形象和经历塑造了玛姬

---

[1] 古希腊神话中的冥后,冥王哈迪斯的妻子。——译者注

[2] 美国剧作家。与尤金·奥尼尔、田纳西·威廉斯并称为20世纪美国戏剧三大家。——译者注

（Maggie）这个人物。起初，男主角昆汀（Quentin）对玛姬十分着迷，因为她看起来天真无邪、心无城府，在性关系上开放大方，并且还非常崇拜他。昆汀初遇玛姬时，玛姬对男人的追求表现得毫无招架之力，内心似乎缺乏对伤害或危险的判断。她将昆汀奉为神一般的存在，她对自我价值的感受和认知完全来自昆汀对她的评价和态度。玛姬也未曾从她的父亲那里汲取过正面"营养"。她尚在襁褓中时，父亲就弃她而去，甚至拒不承认是她的父亲。她是顶着私生女的恶名长大的。她的母亲无地自容，背负着沉重的道德包袱，越来越嫌弃玛姬。昆汀出现后，玛姬就将救赎自己的期望投射到了他身上。昆汀发现自己根本无法抗拒，但是承接了这种救赎的期望，就得对她的人生负起相应的责任。于是，玛姬将自己全权托付给了昆汀。玛姬内心认为自己一文不值，在旅馆登记时，她甚至戏称自己为"无小姐"（Miss None）。她说：

在旅馆，我可以用"无小姐"这个名字来登记……不是，是横、横、撇、竖弯钩，表示什么都没有的"无"。有一次，我编了这么一个名字，因为我从来都记不住那些乱七八糟的假名，记这个名字不用费脑子，它很适合我。

玛姬自我价值感极低，严重缺乏自信，需要通过他人的宠爱来获取存在感。一开始，在昆汀（他接受了来自玛姬的投射，自认有能力拯救玛姬）的猛烈攻势下，玛姬深信昆汀爱她、宠她，是她的真命天子。但后来，玛姬整日疑神疑鬼，无论昆汀再怎么努力都无法让她安心。她感觉不到自身的价值，内心一片荒芜，希望昆汀能全心全意地爱她，每每从昆汀身上嗅到任何不够爱她的蛛丝马迹，她就会大失所望、万念俱灰。为了逃避这种痛苦，她开始用酒精麻醉自己，逐渐染上了酒瘾。这种上瘾行为恰恰反映了她内心不独立，渴望有人能够长久地、完全地接纳自己。虽然她总是一副天真懵懂的模样，但她也有玩世不恭的一面，也有攻击他人的冲动。她企图找到昆汀不爱自己的证据，以证实自己真的就是那个一文不值的"无小姐"，是苟活于社会最底层的废物，并借此攻击昆汀，将内心的不满一股脑地发泄到他身上。为了索爱，她以死相逼，想让昆汀责无旁贷地担起救主的角色。但昆汀意识到，他无力拯救玛姬，只有她自己才能拯救自己，于是他对她摊牌了：

玛姬，你看见了吧？此时此刻，你正试图拉我下水，逼我做你自杀的帮凶……我还是赶紧走吧，免得卷入你的阴谋，不小心伤害到你。这一切都是你自导自演，这局面完全是你一手造成的……你吞服那些药其实是在逃避现实，其实，你只需亲口说出"我一贯冷酷无情"，那个阴森森的房间就会为你敞开大门。你只要肯说："我虽饱受欺凌，但我对别人也同样恶毒，我还在公开场合骂我丈夫是白痴；我待人宽厚，却也自私透顶；确实有一大堆男人伤害过我，但我其实也参与了合谋……"

然而，当时的玛姬已经陷入受害者的角色无法自拔，根本听不进他的话，最终还是选择了自杀。她固执地认为自己是绝对无辜的，是纯粹的受害者。事实上，她不只是受害者，她也伤害了自己和昆汀，只是她视而不见。她拒绝承认自己的问题，所以她既不能释怀也无法苟活。

这类"永恒少女"曾被羞辱过、厌弃过，因此自行站到了受害者和废物的行列。对她们而言，救赎之道是剥去这层身份认同，而非强迫性地沉浸在过去的耻辱中，不断重演遭人厌弃的剧本。要实现这一点，她们就必须意识到自己并非绝对无辜，要敢于直面自己的问题，看到自己的内在既有毁灭的力量，也有救赎的力量。她们的课题是要从那些绝望无助、遭人打压的经历中抽身，摆脱消极的心态，积极乐观地面对生活，主动肯定自我的价值。

在费里尼(Federico Fellini)[1]执导的电影《卡比利亚之夜》(*Nights of Cabiria*)中,我们就可以看到一个这样的例子。卡比利亚(Cabiria)是个花街妓女,从小受尽男人欺辱。在一次演出中,她被催眠师戏弄,无意中透露了自己的过往和积蓄。演出结束后,一个男人径直走到她面前,直言爱上了她。起初,卡比利亚不为所动,但最后还是相信了他,答应嫁给他。一切都很顺利,她以为自己平生第一次找到了一个可以信任的男人。婚后,他们去了一个风景优美的地方度蜜月,那个地方位于高高的悬崖之上,脚下是一望无际的大海。卡比利亚在那里满心欢喜地欣赏着海景,没承想丈夫卷走了她所有的财产,还险些将她推下悬崖。卡比利亚幸运地捡回了一条命,但她的财产终究是一去不复返了。经此劫难后,卡比利亚狼狈地走回了市区。在大街上,她遇到了一群人,他们播放着音乐,边走边唱,非常特别。那些人看着像是过客,只是碰巧经过这里。劫后余生的卡比利亚还没彻底回过神,刚开始只是呆呆地望着这群人。毕竟,人在遭受了如此严重的摧残和羞辱后,都很容易关上心门、顾影自怜。但是,忽然,她竟微微一笑,跟着他们唱了起来。她以这种方式接受了命运的安排,重

---

[1] 费德里科·费里尼,意大利电影导演、编剧、制作人。——译者注

新融入生活，哪怕曾经血雨腥风、千疮百孔，日子仍要继续。面对世间的悲喜沧桑，她用微笑和歌声做出了勇敢的回应，那也是她拨云见日后的纵情欢颜。这样看来，在这类"永恒少女"的转变和成长中，保持良好的心态、接受现实的窘境似乎是关键。当然，孩童般的韧性和勇往直前的信念也不可或缺。

如今，许多选择了同性恋或双性恋生活方式的女性也经常会感到自己与社会"格格不入"。我发现，许多来访者为自己的性取向深感愧疚。通常，那些拥有"坏"父亲的女性会产生这种愧疚感。如果她们选择加入同性恋行列，她们就成了像父亲一样的"另类"。如果母亲因此批评她们，她们就会像父亲一样难堪，就会无意识地认同父亲，无法自如地选择性取向，很难在异性恋、双性恋和同性恋中做出选择。一位女士曾做过一个梦，梦中有一位爷爷模样的人告诉她，治疗师已经将她诊断为"伤风败俗的变态"。她的课题之一就是学会接纳自己，不要再像小时候那样继续扮演乖乖女了，尤其不要再做母亲的宠儿了。为此，她需要重拾信心，相信自己可以选择真实的性取向，无需理会梦中治疗师的道德评判。她还需要摆脱父亲的不良影响和母亲的道德评判，清除由此形成的负面的自我认知，重新定义自己。

5. "永恒少女"的绝望之境

至此，我们只是客观描述了四种不同的"永恒少女"生存模式，并非要将"永恒少女"分门别类。这些模式并不互斥，大多数女性可能会在不同的阶段——经历这些模式，只不过，其中一种模式可能会表现得最为突出。此外，不同的模式之间也会有共性。比如，脱缰之马式"永恒少女"本身也有边缘另类的一面，萨宾娜就是一个例子。不是只有可爱玩偶式"永恒少女"贪求男人的爱慕，脱缰之马式"永恒少女"和边缘另类的"永恒少女"也不例外。羞怯、脆弱的玻璃女孩和脱缰之马式"永恒少女"都有许多奇思妙想，只不过脱缰之马式"永恒少女"是在现实世界中天马行空，而玻璃女孩则从现实世界退回到了自己的幻想王国。

所有这些"永恒少女"的共同之处在于：她们要么自认绝对无辜，要么自认罪不可恕。这两种认知好似同一枚硬币的正反面，异名同实。有了这样的认知作祟，这些"永恒少女"就只能经由他人的褒贬来确定自己的价值。她们不敢对自己的人生负责，没有明辨是非、杀伐决断的能力，所以把人生的主动权拱手让予他人。另外，她们还都把握不好界限和尺度——要么放浪不羁（如脱缰之马式"永恒少女"和边缘另类的"永恒少女"),要么束身就缚,甘做笼中之鸟(如羞怯的玻璃女孩和可爱玩偶式"永恒少女")。这两种倾向都高估了幻想中的可能性,忽视了现实社会中的客观因素,从而扭曲了做人做事的界限和尺度。这些"永恒少女"活在虚无缥缈的幻想中,避开了现实生存的责任。克尔恺郭尔在《致死的疾病》中刻画了这种生存模式,认为它是一种绝望的表现:

> 如果一个人在追求未来的可能性时罔顾客观事实,任由自我脱离自身,那么他将无法在现实中找到稳固的立足点——这就是所谓的"在可能性中生出的绝望"。自我成了一种抽象的可能性,它不停地在未知的可能中挣扎,疲惫不堪、筋疲力尽,但它无法抽身,也无处可去,因为它就处在客观事实中,要活出自我恰恰需要在客观事实中挣扎。想改变就必须从客观事实出发,要活出自我就必须在现实世界中摸爬滚打。
>
> 因为未来的可能性并非真正的客观现实,所以如果一个人越来越沉迷于憧憬可能性,就会越发觉得很多事情都有可能实现。最终,他可能会以为一切皆有可能,但这恰恰意味着他的自我已被幻想的无底深渊所吞噬。

克尔恺郭尔指出，沉溺于可能性会逐渐向两种趋势发展：一种是越来越苛求完美，一种是在忧郁的幻想中越陷越深。在我看来，可爱玩偶式"永恒少女"和脱缰之马式"永恒少女"比较容易陷入前一种困境，而玻璃女孩和边缘另类的"永恒少女"则倾向于坠入后一种泥潭。但是这两种趋势其实都会导致行为阻滞。真正有效的行动必须综合考虑可能性和必然性。克尔恺郭尔认为，恰恰是这种综合考量的能力参与构成了自我的根基。

"永恒少女"的核心任务是要找回自我、坚持展现真实的自我，因为她们习惯于通过他人的评价来获得身份认同（有些甚至身份认同缺失）。她们允许自己被物化，顶着不伦不类的身份度日，这不知不觉堵塞了探寻自我的神秘之旅；但是，她们却试图探寻自己灵魂中的神秘力量，想"表现得深不可测"。很明显，她们走的是歧路。比如，她们的身份模糊而空洞，却如变色龙一般变来变去；她们沉溺于幻想中，憧憬着各种可能性。真正的神秘力量是无法通过这种方式捕捉和拥有的。正确的做法应该是客观地看待自己的潜力和局限，综合分析后巧妙地达到一种平衡状态。"永恒少女"需要认可自己的潜力，充分发挥自己的潜力，努力成为独一无二的存在。

"永恒少女"生存困境的根源在于克尔恺郭尔提出的"怯

懦的绝望,即不愿意拥有自我的绝望"。陷入这种绝望的人意识到失去了自我,但又怯懦到不敢找回自我。因此,这种绝望源自怯懦,源自无力选择更有意义的生活方式。面对自我的丧失,"永恒少女"的应对策略正是示弱。她们表现得十分被动,别人希望她们成为什么样子,她们就扮演什么角色。脱缰之马式"永恒少女"看起来横冲直撞、随心所欲,但她们的骨子里同样也是怯懦的,因为她们未能将幻想变为现实,只是天马行空般地游走在虚幻世界之中。鉴于此,她们永远无法在现实世界崭露锋芒。人若像"永恒少女"那样长期沉溺于幻想中,就会变得越来越怯懦,因为那样的生活注定一事无成。如克尔恺郭尔所言,陷入这种状态后,自我就会被幻想的无底深渊所吞噬。"永恒少女"一旦觉察到自己的困境,感到进退维谷,就会放弃挣扎。她们意识到自己也可以融入现实世界并留下自己的印记,却没有找到可行之路。空有潜力,难有作为,多么绝望的处境!这就是"怯懦的绝望"。陷入这种困境的人可能会选择自杀、避世或苟存,也可能会出现反社会倾向,但有些也会完成华丽的转身。

6. 蜕变之路

走出困境的第一步是要意识到自我的丧失,认知并觉察到自身具有超越本能的更高力量。这部分力量之前并未被唤醒，但会时常透过梦境显现出来。这种觉知会伴随着痛苦，走出困境的第二步正是接受这种痛苦。而最后一步有点出乎意料，这一步是要意识到怯懦之人内心也有力量，有获取更高力量的通道。克尔恺郭尔分析，从更高的意识层面去感受怯懦的绝望，会发现怯懦等同于拒绝认同自我的潜力，因此也是一种任性的抗争形式。

在我看来，最后一步其实就是接受自我的力量。它涉及觉察和认同，这种认同是接受自我力量的前提，与个人意志不同。克尔恺郭尔认为，这种认同本质上是一种信念，需要敞开心扉，全然接受。

从心理学的角度看，一个人只有意识到某种模式的存在，才能够开始理解这种模式。当一个人意识到某种问题并能够清晰地表述这个问题时，他就迈出了解决问题的第一步。童话故事《侏儒妖》（*Rumpelstiltskin*）清晰地呈现了这一点。故事里的父亲一角是个"永恒少年"式的人物。他本是个普通的磨坊主，家里穷得叮当响。但是，为了博得一点虚名，他在国王面前把自己的女儿吹得天花乱坠，说她不仅貌美如花，还能把稻草纺成金线。国王一听，马上吩咐把那个女孩叫来一试。但那个女孩根本没有这个本领，这明明就是他父亲信口开河的无稽之谈。她束手无策,黯然泪下。这时候,一个小矮人走进来说可以替她把稻草纺成金线,前提是她要拿出点什么作为酬谢。于是,第一次,为了完成国王交代的任务,她送给了小矮人一条项链。接着,国王又想要更多的金线,她只好承诺送给小矮人一枚戒指,小矮人才又替她完成了任务。第三次,任务又来了,国王说如果她完成了这次任务,就会娶她为后。这一次,那个小矮人直接提出要她承诺把将来生的第一个孩子送给他作为交换。对于当时的女孩来说,孩子的问题似乎还很遥远,她以为这样的交换永远不会发生,而且她已经无路可退了,所以她就答应了小矮人,小矮人也如约完成了任务。女孩顺利当上王后,不到一年就生下了一个可爱的孩子。她完全忘了自己对小矮人的承诺,但小矮人可一直记在心上。他要求女孩兑现诺言把孩子送给他,但是如果女孩能说出他的名字,他也可以把这个孩子留下。故事讲到这里,我们可以看到这个女孩所处的是一种典型的"永恒少女"生活模式:一个"永恒少年"式的父亲因为自己的懦弱无能和不着四六的言辞将女儿推向了一个无力应对的虚幻之境。女儿陷入了绝望无助的尴尬局面,为了求生只好对一个内在的人物许下了一个不切实际的承诺作为交换,这个人物确实解了燃眉之急,但最终会要求带走这个女孩最珍贵的东西。故事中,女孩遣信到世界各地去打听这个小矮人的名字。成功后，她告诉这个小矮人她知道他叫侏儒妖，小矮人感觉自己被拆穿了，气得直跺脚，结果一只脚深深地陷进了地里，挣扎的过程中不小心把自己撕成了两半。说出小矮人的名字后，她保住了自己的孩子，证明了她真正的潜力，也消除了侏儒妖之前对她的那些限制。同理，当一个女孩能够意识到自己该如何应对父亲的失职，并能够认清这种关系模式时，她就能够摆脱这种模式对其生活的限制，进而得以寻求更真实、更有益的生活方式。认清自己所处的关系模式有助于她从更客观的角度看待自己，理解自己为什么会陷入那种僵化的模式中。当然，要做到这一点，还需要"永恒少女"以主动的姿态去解决问题，故事中的女孩就是主动派出了信使到世界各地去打听小矮人的名字。因此，要认清自己所处的模式，必然要经历一个主动探寻的过程。

　　对"永恒少女"而言，理解怯懦的绝望意味着下一步要有意识地接受迄今为止生活中所经历的所有痛苦，也就是说，要明白痛苦本身是有意义的。"永恒少女"们大都认为自己弱小无助、无法自立，常以受害者自居。然而，如果一个人一直沉溺于受害者的角色，那么他实际上是在推卸责任，假装无辜。所以，要想重新理解自己的怯懦，接受自己的痛苦，就得直视自己的阴暗面，即被自己否定的那一面。那些天真无邪的女孩往往也会恶毒地操纵他人的生活。可爱玩偶式"永恒少女"和脱缰之马式"永恒少女"可能会暗中陷害男人，因为男人都经不起那些女人味十足的女性（如"男人背后的女人"）的诱惑，容易被她们玩弄于股掌。边缘另类的"永恒少女"会通过自毁的威胁和对他人的权力投射来诱使他人陷入自己设好的陷阱。玻璃女孩在人前表现得敏感脆弱，楚楚可怜的模样让人束手无策，甚至会让人觉得自己笨手笨脚，像闯入瓷器店的公牛。"永恒少女"的阴暗面与内在力量实为一体两面，只是她们从未郑重其事地认可过自己的内在力量，也不愿肩负起使用这种力量的职责。在她们的内心深处，这种力量化身为另一副模样——一个变态老头，一个像侏儒妖一样卑鄙、暴躁的形象。这个形象也是她们必须面对的。要接受自己的痛苦，就绕不开与这个形象的博弈。在我看来，这是与恶魔在灵魂深处的一场搏杀。当一个人的心灵遭受重创时，内在的负面力量就会如恶魔般凶相毕露、咄咄逼人、不容逃避。克尔恺郭尔认为，当一个人领悟到放纵自己沉溺于怯懦无助的角色实际上就是在刻意否定自己的内在力量，在亵渎上帝的恩典，他就会意识到，否定内在的力量恰恰是像中了魔一样在傲慢地固守自我的力量。要接受痛苦，就得觉察到自己已被恶魔所擒伏。

最后一步就是要接受本已存在的力量，牢牢抓住这股力量，而不是舍弃它，陷入"永恒少女"惯常的逃离、回避、顺从或叛逆的反应模式。当然，要做到这点很难，这也正是"永恒少女"的症结所在。但是，如果她已经觉察到了自己深陷其中的消极模式，如果她已经接受了痛苦，能够与心中的魔鬼展开决斗，她其实就已经开始认同觉察和选择的力量了。不过，这种转变需要经历一个循序渐进的过程，可能需要花费数年的时间才能完成。童话故事《无手少女》（*The Handless Maiden*）中的女孩历经七年时间才摆脱了（由昏聩无能的父亲招致的）魔鬼的纠缠，并嫁给了国王。她的自我救赎之道是在森林里耐心等待，她明白自己必须这么做。这样看来，整个蜕变过程的关键因素或决定性因素无外乎耐心、领悟和等待。

那么蜕变过程又是如何开始的呢？"永恒少女"们最初是如何发现其内在的力量的？内在力量本就存在，只要她们敞开心扉，内在力量会以各种方式呈现出来。它可能通过一段关系呈现，《玻璃动物园》中的劳拉和《堕落之后》中的玛姬就是在亲密关系中发现了这种力量，遗憾的是，玛姬没有认可这种力量。它可能在外在困境的刺激下呈现，人在困境中更容易觉察到自身的怯懦（或力量），《玩偶之家》中的娜拉就是一个很好的例子。当然，内在的冲突也可能激活这种力量，《爱情谍屋》中的萨宾娜就是在内在冲突中觉醒的。它也可能属于机缘巧合之下的偶得，在《卡比利亚之夜》中，卡比利亚偶遇了一群边走边唱的路人，忽然就找到了内在的力量。此外，内在力量也会通过梦境中的意象显现出来。围绕这些意象，"永恒少女"们可以通过主动想象展开进一步探讨。有时候，"永恒少女"们甚至可以在暴怒和争吵等情绪激动的时刻体验到内在的力量。机会其实无处不在，关键是要能敏锐地捕捉到这些机会，并以开放的心态去接受和利用这些机会。

总之，在自我蜕变的过程中，"永恒少女"们要走出依赖他人的生活模式，不要再像以前那样天真和怯懦，要接受自己本就拥有的内在力量——发自内心地认同自身的价值。一旦她们认可了自己的内在力量，就能自然而然地体验新的生活模式，变得更加通达、灵活，进而得以和他人建立更有意义的关系。如此一来，她们就能褪去少女般的懵懂和稚嫩，变得意气轩昂、活力四射。

第四章 "全副武装的亚马孙女战士"

> 眼见人人都将自己视作人畜无害的小白兔，
> 一些女人开始肆意发癫；
> 她们学着男人的样子，
> 说脏话，抽雪茄，故意烫坏床单，
> 她们烂醉如泥，眼神迷离，头脑发胀，
> 终于变得丑陋不堪；
> 她们一心盼着有人能指着她们喊：看，她好像个男人！
> 那将是她们最引以为傲的时刻！
>
> ——卡洛琳·凯泽（Carolyn Kizer）[1]

传说在亚马孙文化中，男性地位低下，没有丝毫掌权的机会。对亚马孙女人而言，男人就是奴隶，是繁衍后代的工具，算不上真正意义上的人。她们剥夺了男性为人父亲的名分，剔除了父亲这个角色。在这种文化中，女儿备受欢迎，而男婴

---

[1] 美国著名女诗人，曾获普利策诗歌奖。——编者注

一出生就会被虐待，顶多只能做个家仆。如此一来，男性在生理层面和社会层面都被弱化了。社会不需要男性，男性能做的事，亚马孙女人也都能做。众所周知，她们能征善战、能骑擅射、好勇斗狠，自己就是不折不扣的战士。她们也以此为标准训练自己的女儿。据说她们甚至切除了右乳，以便拉弓射箭。相传，亚马孙女战士都是战神阿瑞斯的女儿，她们一生都在打打杀杀，"女战士"之名也由此而来。

许多女性在潜意识中认同了男性特质，切切实实地活成了男人的模样。作为一个神话式人物，亚马孙女战士恰好对应了现实世界中的这类女性。如果一位父亲失职或不称职，在情感上缺位，那么他的女儿通常会选择与父亲对抗。因为父亲不可靠，她极有可能在意识层面上排斥父亲（甚至排斥世上所有的男人）。在这种心理模式的支配下，她可能会倾向于在潜意识中认同男性原则。与那些甘做弱女子的"永恒少女"不同，亚马孙女战士自视骁悍强大，不输男人。

同样，如果一种文化的父性图腾未能客观、公正地正视女性的价值，那么其权威地位必将遭到质疑和挑战。如今，我们的文化中也不乏这样的亚马孙女战士。

琼·辛格（June Singer）[1]曾在《雌雄同体》(Androgyny)一书中这样描写当代亚马孙女战士：

> 亚马孙战士虽是女性，却不乏阳刚之气。她们认同并发展出了传统意义上的男性特质，但并未将这种特质与自身的女性特质融为一体以成长为身心强大的女性。相反，她们抛却了传统女性特有的亲和力……结果，亚马孙女战士虽滋生出了男性的力量，却失去了与人建立深刻情感连接的能力，思想变得偏颇、狭隘。她们急于压抑或掩盖自己的一些特质，却因失去这些特质而陷入困境。

因为父亲失职而选择了男性化身份认同的女性通常热衷权势，一遇到不可控的局面就会自动开启防御模式，所以这样的女性往往缺乏与外界的交流。她们的心灵如身体一样困在厚重的"亚马孙盔甲"里面，整个人像戴着面具在进行角色扮演。她们饰演的角色与她们本人在个性上可能并不一致，因为那些角色全是为了对抗父亲的失职而生，并非源自她们内在的

---

[1] 荣格学派心理分析师，美国芝加哥荣格学院的创始人之一。著有《爱的力量》(Love's Energies)等。——编者注

女性核心。她们的情感阻塞不通，常常无法连接到内在的女性本能。

今时今日，在我们的文化中，我们见证了女性对抗父权的浪潮，这是在挑战全体男性的权威地位。我们目睹了亚马孙女战士式的女性主张，这可能是历史上最震撼的主张。男性权威贬低了女性的价值，导致女性几乎无法成为能对自己和他人负责的独立灵魂，基本无法与他人建立有意义的连接。透过男权社会刻板的滤镜，人们对女性的认知和评价片面且缺乏理性。对女性来说，男性权威犹如一个失职的父亲。女性齐心协力打破这种文化格局，努力领悟女性存在的意义，这对男性和女性来说都是事关意识提升的重大事宜。然而，我们的文化中已经出现了女性认同和模仿男性的趋势。这种趋势未能正视男性和女性之间固有的差异。当女性希望通过模仿男性来取得和男性同样重大的成就时，我们就应该意识到整个社会微妙地低估了女性独特的价值，因为这个期望本身就暗藏了男强女弱的假设。女性的这种想法是可以理解的，因为我们的文化确实贬低了女性的价值，但是，在当前的文化背景下，我们真正要突破的不正是引导整个社会珍视女性独有的特质吗？

里尔克早在1904年就在《给一位青年诗人的信》中生动地描述了这一挑战：

在成长蜕变的初期，少女和妇女都会盲目地模仿男人的一切，不加辨别、不分皂白，在职场上也是沿着男人走过的路亦步亦趋。经过一段摸索之后，女性会用实际行动证明，她们只是想经由那些（常常是荒谬的）丰富的体验与变化，洗去自身天性中被男性歪曲的那一面。女性活得更直接、更丰盛、更踏实，所以她们比男人更成熟、更有人情味；男人不能通过身体孕育生命的果实，无需因此坠入生活的旋涡，他们洒脱而自在，傲慢而急躁，极易看轻自以为珍爱的人和物。女性熬过漫长的苦难和羞辱，剥去世人对其刻板的传统角色定位，外在的地位会迎来翻天覆地的提升，真正的"人性"也会见诸天日，男性到现在还没有意识到这个趋势，到那时，他们就会如梦初醒、备受打击。终有一天……终有一天，世人不再只是将少女和妇女视为男性的对立面，而是将女性视为独立的个体，她们本身就意义非凡。那时，提到女性，我们也不再会想到"陪衬"与"束缚"，而是单纯地想到一种生命存在：女性人类。

我也认为，无论在文化层面还是个人层面，女性面对父亲的失职和不作为所进行的"亚马孙女战士"式的反击，或许都是成长之路上的必经阶段。同样，和里尔克一样，我也相信这个阶段仅仅是女性成长道路上短暂的一步。本章将探讨"亚马孙女战士们"在对抗父亲的失职和不作为时可能形成的一些生存模式（即保护女性免受失职父亲伤害的"亚马孙盔甲"），以及她们是否可能超越被动反应模式，蜕变为有血有肉的、主动开创自己人生的女性。重申一下，我们所有的讨论都并非要将女性分门别类，贴上标签。女性在对抗父亲的失职和不作为时可能会有各种不同的表现，此处只是客观地描述其中几种行为模式。

1. 超级巨星

女性对抗父亲失职最常见的方式或许就是在工作领域和个人成就方面达到父亲未曾企及的高度。父亲没能给予女儿职业身份认同，也未曾给予女儿职业发展指导，女儿靠着自己的努力发展得风生水起。但是，女性抱着填补父亲缺位的心态往往容易陷入过度工作以及对成就感的过度追求，成为人们眼中的工作狂。这样的女人一般都比较冷漠，她们的情感阻塞不通，失去了与本能力量的连接。人在这样的状态下极易陷入抑郁、迷茫和空虚，因为人不能仅靠工作中的成就感活着。

西尔维娅·普拉斯（Sylvia Plath）[1]笔下的《钟形罩》(*The Bell Jar*)[2]描写了这类女性的生存状态及其困境。主人公埃斯特·格林伍德（Esther Greenwood）的原型就是西尔维娅·普拉斯本人。学生时代，埃斯特的成绩一直都是全优，尽管她十分厌恶物理，但还是强打精神、拼死拼活在物理课上拿到了优。小说开场，埃斯特就通过征文比赛获得了到纽约一家著名时尚杂志社工作的机会，为期一个月，所有费用全包。杂志社将埃斯特和其他获奖者安排在了一家名为"亚马孙女战士"的酒店，这家酒店只接待女客，住客大都是千金小姐。埃斯特家境贫寒，9岁时父亲就去世了；她知道自己应该尽情享受这人生中的高光时刻，但内心却又控制不住地溢出无聊和沮丧。我们来听听她的心声：

> 他们会说，瞧瞧，我们国家真是无奇不有。这个女孩在某个穷乡僻壤生活了十九年，曾经穷得连份杂志都买不起，竟然能申请到奖学金上大学，然后这儿获个证书，那儿拿点奖金，最后呢，还能玩转纽约，那感觉就跟开私家车一样驾轻就熟。但我却什么都玩不转，甚至驾驭不了自

---

[1] 美国自白派诗人的代表。——译者注
[2] 西尔维娅·普拉斯的自传体小说。——译者注

己。我更像是一辆粗笨的无轨电车，叮叮当当地从酒店开到办公室再开到五花八门的派对，又叮叮当当地从派对开回酒店然后再开回办公室。我以为我会像大多数女孩一样兴奋不已，可我就是提不起劲儿。我感到自己仿佛置身飓风眼中，飞沙走石裹挟着我狂舞，而我却心如死灰、无动于衷。

埃斯特优秀的外表下藏着深不见底的抑郁。不管她做了多么重要的事，取得了多么重大的成就，她都无法找到人生的意义……为了对抗抑郁和空虚，她养成了一种玩世不恭又不失幽默的心态，俏皮地物化和调侃她遇到的每个人。出于自我防御，在个人感受和情感方面，她也采取了同样的态度。在亲密关系中，她总是保持着一副事不关己的旁观者姿态。在与男性交往时，她总是难以投入，表现得过于疏离，态度不够端正。例如，她总是幻想结交一堆姓名古怪的情人。但是，她之所以这么冷漠，其实是害怕被拒绝，正如她所说，"没有期望，就不会有失望"。埃斯特在与男人的关系中似乎总是被抛弃的那一方：先是父亲早逝，然后是一段又一段心不在焉的恋情。她认为男人基本上都"厌女"。她曾说：

第一部分 创伤

> 我终于明白为什么厌女者可以如此肆无忌惮地耍弄女人。他们就像神灵一样,刀枪不入,力大无穷。他们突然降临,然后又悄然隐身。你永远也抓不住他们。

父亲撇下她撒手人寰,厌女者又让她捉摸不透,她觉得男人都靠不住。

在纽约待了一个月后,埃斯特回到了她居住的小镇。那个漫长的夏天,她无事可做。其实,她原本申请了写作训练班,但是竟然没通过,她也破天荒地尝了一次失败的滋味。无所事事的时候,她的抑郁症状更明显了,整个人越发没有活力。起初,她试图通过睡眠来打发时间。后来,她想睡也睡不着。失眠和自杀幻想折磨得她生不如死。她能想到的唯一的解脱办法就是自杀,她尝试了,但没有成功。父亲不在了,母亲又整日摆出一副尖酸刻薄、忍辱负重的圣人模样,她的生活变得越来越乏味,能真正产生情感连接的人也越来越少。她感觉自己被盖在了一个"钟形罩"下,里面空气稀薄,置身其中仿佛与世隔绝。正如她所说,"困在钟形罩里的人大脑虚空、生长停滞,犹如夭折的婴儿。对他们来说,人生就是一场噩梦"。

埃斯特被送进了一家私人医院。幸运的是,医院分配给她的医生是一位热情友好、善解人意的女士。在诊疗的过程中,

99

她从这位陌生女性的身上得到了父母从未给予过她的柔情与理解。通过这层关系，她最终找到了重新面对世界的信心、力量和勇气。出院时，她也并非对未来笃定无疑，如她所说，她仍能看到"一连串的问号"。这些问号的存在说明她还不能绝对地掌控自己的生活，也做不到全知全能。但经由这些问号，她确实找到了生活的方向和意义。

在这个家庭中，早逝的父亲未能尽责，母亲像男人一样疯狂地工作，活成了苦大仇深的"亚马孙女战士"。因此，埃斯特感受男性特质的唯一渠道就是通过那个严肃、冷漠的母亲。父亲死后，母亲甚至没有悼念他，埃斯特也没有机会为他哭泣和哀悼。后来，她去墓园找到了父亲的坟墓，在冰凉、咸涩的雨中放声痛哭。在那之后，她尝试了最糟糕的解脱办法——自杀。但是，也正是因为这次自杀，她被送进了医院，终于在精神科得到了救治。在此之前，埃斯特从未有机会做过自己。她的求生之道是强化自己男性化的一面，从外在的成就中收获身份认同。但是，作为女性，她切断了与己与人的情感连接，未能充分体验和理解自我存在的意义。

父亲缺位时，母亲通常会身兼父职，但是，这样一来，家中的女儿不仅无法拥有真正的男性榜样，而且也无法将母亲视作女性榜样。这就是埃斯特的困境。我想，在这种情况下，是否都需要由另一位女性来启动对这个女儿的救赎，而这位女性还得是集男性原则和女性原则于一身的人物？当一个女孩缺少与父亲的真实互动时，经由另一位女性的智慧来弥补这种缺憾似乎是有效的路径。

对于父亲缺位的女孩，真正需要激活和接纳的是女性原则，因为她们通常会压抑和忽略自己的女性原则。当然，她们在工作领域和个人成就方面进行过度补偿时也同样忽略了男性原则的发展。但若要与男性化的精神层面建立连接，必须首先找回女性的感觉和本能。这并不是说工作和成就不重要，而是真正的成就感应该源自完整的自我核心，而非自我的某一部分。激活女性原则后，她们才能将工作的动力和感受扎根于完整的自我。当代女性的觉醒历程与埃斯特的经历极为相似。看到男人不珍视女性的能力、不认可女性独特的价值、无视女性的潜力，许多女性选择捍卫自我、对抗男性。这是人之常情，无可非议。然而，她们个人表达的基本方式往往是趋于男性化的，因此她们的行为看起来仅仅是在模仿男性。其实，她们应该认识到重新激活女性原则的意义，理解并珍视女性的核心价值。这并不是在限制女性的发展空间，而是建议女性先激活自己性别根源的能量，从而带着这种能量走出一条专属于女性的独一无二的康庄大道。

经常有"超级巨星"式的女性来接受心理治疗。她们在工作中耗尽了精力，疲惫之余希望能求得滋养自己的关系。可能是因为她们事业太过成功，能力太过强大，她们感觉男人们总是对自己敬而远之。此外，因为父亲怯懦无能、碌碌无为，她们总想通过自己的努力来弥补父亲的缺憾。我怀疑这些女性的父亲大多是把她们当作儿子养育，希望她们替自己实现那些遥不可及的梦想。

有位"超级巨星"式的女性在接受治疗期间做了一个梦，梦见自己从一个学院的院长手上买了一件非常厚重的冬衣，而这位院长还曾欺骗过她。这件外套其实就是她的"亚马孙盔甲"。梦中，一位女性分析师提醒她脱掉外套，冒着风险逃离。她意识到自己取得的很多成就只是为了填补人际关系的匮乏，她觉得自己应该是落入了某种圈套，所以才会强迫自己不停地工作，不敢自由地玩耍，不敢自在地做自己——即使是在孩童时期，她也没有享受过这种乐趣。我的一位同事也是这样一位事业有成的职业女性。她经常梦到自己对着一些软弱无能的男人愤怒地大吼大叫，那些男人在一定程度上控制着她的生活，就像她父亲一样，总是无意识地将自己的庸懦无能投射到她身上。她的父亲意志消沉、碌碌无为，母亲在潜意识中是个心高气傲的人，却常常力不从心，所以她也总是过度追求个人成就，试图弥补父母亲的缺憾。后来，她的梦里开始常常出现有趣的男人和嬉戏的孩子，借助这些梦境，她找到了自己松弛自在的一面，也终于在人前轻松地做回了自己。

2. 乖乖女

英格玛·伯格曼（Ingmar Bergman）在其编导的电影《面对面》（*Face to Face*）中讲述了另一种"亚马孙女战士"的故事。影片的主角珍妮（Jenny）是一位职业女性。作为一名精神病学家，她自律、干练、尽职尽责，对任何情况都应对自如。她嫁给了一位才识过人的同事，顺利生下了一个女儿，生活得安然惬意，未来也看似无限可期。然而，有一天，她却突然精神崩溃了。自杀未遂后，她发现自己被送进了医院。影片着重呈现了珍妮的一系列幻觉和梦境，那些幻觉和梦境将她带回到过去的时光，此前她一直在理智地克制着自己不去触碰那段记忆。

电影开头，珍妮遭到了一个病人的挑衅。那个病人也是一名女性，她指出珍妮没有爱的能力，太过逞强、不敢示弱，甚至还抨击她利用职业之便控制病人。这场对质触动了珍妮的潜意识，为珍妮之后的一系列对抗行为埋下了伏笔。事发时，珍妮正和爷爷奶奶住在一起，因为丈夫和女儿都不在家，她就回去探望老人了，当时她已经在那里住了两个月。回到儿时生活的地方后，过往的画面开始在她的脑海中翻涌。同时，因为她工作强度过高，整个人疲惫不堪，记忆裹挟着梦境趁机侵袭了她原本风平浪静的生活。她频频梦到一个可怕的老妇人。那个老妇人总是穿着黑色或灰色的衣服，一只眼睛被挖去了眼珠，空荡荡的眼窝似乎在直勾勾地盯着她。这一意象揭示了珍妮总是盲目地、被动地背负各种责任，这些责任牢牢套住了她的生活，禁锢了她的人生。小时候，珍妮和父亲关系亲密，两人总是腻在一起。父亲虽心地善良，却偏偏是个酒鬼。母亲和奶奶都瞧不起他，没少数落他。父亲过于喜欢拥抱和亲吻珍妮，珍妮隐隐觉得哪里不对。后来，她的父母在一场空难中意外丧生，珍妮只好搬去与奶奶同住。奶奶在管教她时奉行的是铁腕高压政策——不准哭泣、不准服软、不准露怯、不准偷懒、不准享乐。奶奶只看重责任、规矩和自己的权威。珍妮只好放下自尊，一步步地退让，小时候小心翼翼地做了奶奶的乖乖女，长大后又苛求自己时时刻刻保持认真、负责、可靠。她接受了奶奶的投射，竭尽全力活成了奶奶期望的样子，但在这副完美的躯壳下，却藏着一个束手束脚、心如死灰的小孩，那才是她真实的模样。

珍妮每每陷入幻觉，那些她平日里刻意深埋在心底的人就会一个个浮现出来。最后一次幻觉袭来时，她看到自己穿着一条红色长裙躺在棺材里，奄奄一息。她想要爬出来，在挣扎中，红裙子露了出来。然而，牧师见状却拿来奶奶的剪刀，把裙子露出来的边边角角一丝不苟地剪掉了。操作完毕后，他把棺盖一合，就把珍妮和她的红裙子抛到了脑后。珍妮实在看不下去，干脆一把火点燃了棺材；透过熊熊烈火，有一瞬间，她瞥见了那条红色的裙子，也看到有个人影在棺材里挣扎。但是，很快火焰就吞噬了一切。

这个幻觉中的画面象征着珍妮将所有的感受和对生活的热情都锁在内心深处，封在棺材里后试图爬出人生的旋涡继续活下去。而那位拿着奶奶剪刀的牧师则象征着之前曾牢牢控制珍妮人生的那些人，他们只看重责任、权威和规矩，因此想要剪断珍妮与自我的连接，压抑她的感受，扑灭她对生活的热情。红色的裙子就象征着珍妮鲜活的感受和对生活的热情。然而，最终一场大火烧尽了所有，火势之烈，无人能阻。

从这场幻觉中惊醒之后，珍妮顿悟了许多。她终于爬出了抑郁的深渊，也彻底放弃了自杀的念头。她意识到，由于自己放不开手，生活凝成了一潭死水，毫无乐趣可言，甚至连女儿的快乐也被一并剥夺了，她的内心一片干涸，早已无力向女儿施予母爱。看完影片，我们就像前文案例中的埃斯特一样，脑子里留下了一连串问号。珍妮虽然爬出了抑郁的深渊，新的感悟和体验也在不断涌现，但她仍然站在生活的门槛外，要想融入真正的生活，她必须接纳自己并向他人敞开心扉。在剧本的结局，我好像看到了希望。结尾处，伯格曼写道，珍妮再次回到奶奶家，意识到奶奶已经老了，看到奶奶也备受煎熬，"有时候会觉得奶奶整个人都变小了，虽然没有小太多，但很明显"。这表明奶奶留给她的负面影响明显消退了许多。面对奶奶，珍妮的内心突然间生出了真挚的关切之情。故事结尾，珍妮又在梦里遇到了那个尖酸刻薄的独眼老妇人。但这一次，她竟然和老妇人做了朋友。或许，这是因为珍妮经由内在滋生出的领悟力和同理心，将深藏内心的那个苛刻小人悄悄换了模样。

陷入"乖乖女"模式的女性一直在不断地承受别人强加给她们的责任。对于这些女性来说，最重要的是要意识到，"乖乖女"的人设是别人投射在她们身上的，并非出自她们的本心。虽然"乖乖女"总是给人一种善良、懂事的错觉，但实际上她们都压抑了自己的另一面，也被扼杀了相应的生命力和创造力。为了成为别人眼中的乖乖女，她们否定了自己大部分的人格特质，最终彻底失去了自我。难怪她们会常常疲惫不堪、眼神空洞，找不到生命的意义。这类女性往往戴着虚假的面具，这个虚假的形象责任感极重，通常要听命于严苛的管教者。历史上的许多修女就是如此。她们被训练成乖乖女，严格服从修道院院长的管教，而院长又遵循着严苛的宗教制度。宗教制度规定修女们必须完全遮盖住自己的身体。传统的修女服起到了盔甲的作用，遮盖了她们的女性特质，试图替她们隔开男人的目光和世界的诱惑。一位修女曾对我说："当务之急是卸除'亚马孙女战士'的武装。"要卸除武装或摆脱人设，就得敞开心扉，展示自己阴暗和脆弱的一面，那曾因服从强大而严苛的权威而被压抑的一面。所以，这也意味着要突破权威的掌控。但是，因为之前被压抑的那面人格未曾得到充分发展，尚显生涩稚嫩，所以这样做其实存在一定的风险。然而，如果这类女性不主动打破这种局面，未曾有意识地向外敞开自我，这种改变的需求可能会在某一天突然降临到她们身上，那样的话，她们可能会像珍妮一样陷入精神崩溃的泥潭。

"乖乖女"总是忙着迎合他人的需求，忽略了自身的成长和/或人际关系的构建。我认识一个这样的"乖乖女"，她的父亲不支持女儿继承自己的衣钵，认为女性只适合给别人做助理，不配做医生、律师和大学教授，所以这位女士的学业就止步在仅够做助理的阶段。但是，她的内心其实很渴望成为一名"真正的"职业女性。她曾陷入一场幻觉，看到自己前去修道院申请做修女,结果修道院要求她献出日记、剪掉头发。我认为,这场幻觉恰好映射了她的现实境遇。现实中,她的父亲霸道专横,她必须一再地舍弃自我才能换取父爱,她也因此放弃了创造生活的主动权。后来,她做了一个梦,梦见自己嫁给了一个国王,还怀上了孩子。但是,国王(实际对应的是她现实中的父亲)并不想让她把孩子生下来,因为这个孩子的降生可能会扰乱宗室血统。于是,国王把她关进了监狱。越狱时,为了避人眼目,她杀死了一个修女,穿上了那个修女的长袍。而在现实中,从某种角度看,这位女士也像躲在修女服里,严严实实地藏起了自己对生活的热情和创造力。作为学生,她觉得自己必须取悦老师,再度扮演一个乖乖女。然而,她也知道自己终将离开他们,独自前行,正如她需要摆脱父亲的投射做回自己一样。因此,她一直觉得愧对老师。但同时,因为她尚未离开老师,她又觉得对不起自己。鉴于当时的处境,她认为自己唯一的出路就是避世独处,过修女那样的日子。但是,在给自己做了大量的心理建设后,她慢慢燃起了掌控自己人生的欲望。她梦见一个孕妇在肯塔基德比赛马会(Kentucky Derby)[1]中拔得头筹。这个梦境象征着她已收回创造生活的主动权。

---

1 指每年于美国肯塔基州路易斯维尔丘吉尔园赛马场举行的赛马比赛。——译者注

3. 殉道者

"殉道者"模式也是一种亚马孙盔甲。处于这种模式的女性日子过得磕磕绊绊，整日心灰意懒、怨气满腹，脸上始终挂着苦大仇深的表情。费里尼执导的电影《朱丽叶与魔鬼》（*Juliet of the Spirits*）就刻画了这类女性在困境中的挣扎。主人公朱丽叶苟在一份中规中矩、死气沉沉的婚姻里，每天吊着一张苦瓜脸。丈夫早已厌倦了她，不仅对她漠不关心，还与别的女人暧昧不清。朱丽叶不愿摘下幸福人妻的面具，想睁一只眼闭一只眼继续过下去。然而，在一次通灵会中，一个亡魂毫不留情地向她指出："没人需要你，也没人在乎你，在大家眼里，你什么都不是。"在赤裸裸的真相面前，朱丽叶第一次被深深击中。她试着忘掉这些话，但童年的闸门忽然打开了，往事不断袭来，其中有美好的回忆，也有关于父母的不愉快的回忆。她的母亲优雅、孤傲，父亲专制、严苛，他们一拍即合，将女儿送进了一个教区学校。在学校的一次戏剧演出中，朱丽叶扮演了殉道者一角。当自己作为殉道者即将被烧死的那一幕重现时，朱丽叶忽然想到了勇敢对抗世俗的爷爷。爷爷向来思想活跃、敢想敢干，从不在意世俗的目光，后来和马戏团的一个无鞍骑手潇洒地私奔了。成年后，朱丽叶在婚姻中继续扮演着"殉道者"的角色。她少言寡语,从不与丈夫沟通和争辩,把喜怒哀乐甚至性欲全都压在了心底。

朱丽叶发现丈夫出轨后,顿感压力重重。这种危机感以梦境、幻觉和幻想的形式在她身上疾速涌现。在她的梦境和幻觉中,最常出现的人物是一个裸体的性感女人,那个女人很像她爷爷喜欢的那个无鞍骑手。与此同时,朱丽叶结识了隔壁邻居苏西(Suzy)。苏西自由、性感,每天活得如酒神狄俄尼索斯般肆无忌惮、如痴如醉。苏西诱惑朱丽叶及时行乐,带她进入了自己的世界。朱丽叶去参加苏西的派对,刚准备醉倒在肉欲的世界里,殉道者的形象就闯入了她的脑海,她赶紧逃走了。朱丽叶意识层面的自我认知逐步瓦解,潜意识层面的意象不停地闯入她的脑海,一步步地侵占她的生活,其中有贪婪的土耳其侵略者,有瘦弱、疲惫的马匹,还有殉道者变成的妓女。与此同时,朱丽叶去咨询了心理剧治疗师[1],治疗师发现她太容易自怨自艾(典型的殉道者综合征),告诉她要试着放松下来,养成从容、随性的心态。朱丽叶惊觉自己害怕拥有幸福,意识到自己深陷婚姻的牢笼,她心中深埋的妒意、醋意以及想要反击和报复的冲动一股脑地涌了出来。痛哭流涕中,她冒出

---

[1] 心理剧疗法(psychodrama therapy)是一种团体式心理治疗技术,由美国精神科医生雅各布·莫雷诺首创。——编者注

了轻生的念头。但是，伴随着这些负面情绪，一些新的力量也在悄然滋长。与愤怒一起出现的是勇敢与自信。在一场逼真的幻想情景中，朱丽叶告诉她那高大、冷漠、孤傲的妈妈，她再也不害怕她了。说完，一扇门打开了，朱丽叶放走了那个因为被母亲疏离而难以自洽的孩子，所有饱受折磨的人都一下子解脱了，爷爷还特意赶来接走了那个孩子。摆脱了"殉道者"的人设，唤醒了久违的童心，朱丽叶终于打破了家庭的牢笼。只要她愿意，任何时候，她都可以走出去呼吸新鲜空气。不管发生什么，她都可以敞开心扉，坦然地面对。

和许多陷入"殉道者"模式的女性一样，朱丽叶在婚姻中控制欲极强，只是一直生活在丈夫的阴影下。她惯于将自己囿于殉道者的角色，事事以大局为先，压抑了自己的个性，掩盖了自己身上独特的女性魅力。费里尼曾表示，这部影片旨在"为女性夺回真正的自主权以及不容置疑、不可剥夺的尊严。我认为，如果女人无法获得身心自由，那么看似自由的男人也会步履维艰。我们不应该将妻子放在圣母的位置，不应该将她们视作享乐的工具，更不应该把她们贬为奴仆"。

陷入"殉道者"模式的女性通常都会表现得像勤勤恳恳的奴仆，或作为妻子，或作为母亲，或身兼两职。开启"殉道者"模式后，她们就会不停地在女儿面前贬低其父亲，痛斥他们无能、失职。如果父亲未能给予有效的反驳，女儿往往就会认同母亲的评判，可能是有意识地趋从，也可能是无意识地接受。荣格的字词联想实验（word association experiment）[1]研究呈现了许多这样的例子。比如，一个未经世事的16岁少女对男人的反应竟和母亲如出一辙。"殉道者"的女儿结婚时，通常也会选择怯懦、被动的男人，并把同样的态度传递给自己的女儿，将这种模式延续下去。这类女人在与丈夫的关系中扮演着母亲的角色，而丈夫则被挤压到了儿子的位置。亚历山大·罗文（Alexander Lowen）[2]在《爱情与性高潮》（*Love and Orgasm*）一书中描述了这一模式，直言这类女性最明显的性格特征就是克制、隐忍，所以才会做出"殉道"之举。他指出，表面看来，身为母亲的"殉道者们"大都被动、顺从，有受虐倾向，但这一表象掩盖了她们对男性的轻慢、敌意和不屑。她们会通过"殉道"的戏码来支配男性，将男性推向儿子的弱势地位。她们会通过（像"犹太母亲"一样）殷勤照顾丈夫、过于精心地为丈夫准备餐食和/或严格管教孩子来达到自己的目的。在后一种情况中，父亲在重要的家庭事务中没有任

---

[1] 方法是列出一张单词表，主试每念一个词，被试就要对听到的单词做出迅速的联想反应。——译者注

[2] 美国心理治疗师，心理学大师威廉·赖希的学生。——编者注

何决策权,即便他们在挣钱养家方面表现不俗。罗文还发现,"殉道者"大多与丈夫过着无性的生活,这对丈夫来说其实是一种变相的阉割。

这类女性的共同点是隐忍、克己。这一点在性行为和创造力方面表现得尤为明显。我认为,她们的这种表现其实源于对狄俄尼索斯式狂欢的恐惧,对自我失控的恐惧,对非理性和超越理性的行为的恐惧。这些恐惧主要指向超越自我控制的体验,如爱、希望和美。出于恐惧,这类女性将自己困在了狭小的世界里,不敢享受生活的乐趣和丰盛,不敢展示自己的创造力和独特的观点。很多案例表明,女性大多是在30多岁时突然陷入婚外情或滥交的关系模式。这可能是她们在无意识地打破过往自立的"殉道者"人设。但由于这种改变通常是无意识的,而且她们可能依旧活在过往生活模式的阴影中,所以无法完成真正的蜕变。这样的女性需要主动尝试进入心流体验,学着正视、接受并释放性冲动和创造欲。而且,通过朱丽叶的案例,我们发现,或许盛怒是打开禁锢之门的一把钥匙。所以,"殉道者们"需要对自己的隐忍、克己感到愤怒,还要认识到坚忍克制、自命清高的另一面就是"弱小无依",因为克己者常会将自己置于受害者的角色,认为自己被排挤,希望得到同情和怜悯。"殉道"实际上是对抗心流体验的防御反应;"殉道者"渴望别人认可她的牺牲，同情她的遭遇，进而把罪恶感投射到周围人的身上。

　　来做心理分析的"殉道者"女性不在少数。我发现，有一种根深蒂固的"殉道"情结在某种程度上源自对父权文化的屈从。这点与"永恒少女"乍看相似。但我认为，这种屈从模式实际上是"殉道者"女性阉割自己与身边人的强有力的武器。这里举一个典型的例子。一位已婚女士的孩子因为吸毒落入了警察手里。孩子才十几岁，正值青春期。这位女士自幼生长在富贵之家，父亲是典型的父权主义者，他霸道、专横，一人掌控着家里的财政大权。在这种情况下，父亲在情感上往往是缺位的，未能教导女儿做一个独立的女性。她的丈夫像极了她的父亲：情感缺位但紧握经济大权。这位女士聪明睿智、才识过人，她坚持不懈地提升自己的能力，竭力对抗丈夫的控制。但是，在这个过程中，她感到不堪重负，甚至变得歇斯底里，扬言过不下去要自杀。表面上，她攻击的对象是自己，但实际上她却是在隐晦地攻击丈夫和孩子们。她的丈夫看起来一手遮天，咄咄逼人，却常感无精打采、危机四伏。夫妻博弈的结果在几个孩子身上体现得淋漓尽致：一个被捕，一个成了好学生，一个离家出走。在这段婚姻关系中，这位女士总觉得自己是受害者，最终坚定地选择了离婚。她收回了自己的能量，主动为自己的人生负责，从此再不沉溺于省身克己和操控他人。如此一来，她的独立意识和创新潜能完全被激活，她开始全力以赴地开创自己的人生。

4. 勇士女王

还有一类女性把自己武装成了强大而坚定的斗士，以对抗父亲的失职和无能。这类女性反对父亲所有非理性的堕落行为，公然向父亲开战。克莱夫·斯特普尔斯·刘易斯（Clive Staples Lewis）[1]在他的小说《裸颜》（*Till We Have Faces*）中描述了这种类型的女人。故事以赛姬的姐姐为第一人称，重新讲述了赛姬（Psyche）[2]与厄洛斯（Amor）[3]的爱情故事。在小说中，赛姬的父亲是一个残暴的国王。当时，他的国家正同时遭受着饥荒和瘟疫，臣民们苦不堪言，纷纷指责赛姬是罪魁祸首。为了安抚臣民，他将这个最小的女儿献祭给了女神阿

---

[1] 英国著名作家、文学批评家。代表作品《纳尼亚传奇》。——译者注
[2] 罗马神话中一位美丽的公主，名字取自希腊语的"灵魂"。——译者注
[3] 即爱神丘比特，美神阿芙洛狄忒的儿子。为人熟知的形象是手持弓箭赤身裸体的小男婴，长大后停留在15岁的英俊美少年。——译者注

芙洛狄忒（Aphrodite）[1]。会献祭女儿，说明他灵魂空洞。确实，他心中所念的唯有吃喝玩乐、狩猎、敛财和开疆拓土，他从不花时间陪伴女儿，发自内心地嫌弃她们不是儿子。一见到女儿们，他就暴跳如雷、骂骂咧咧，讽刺她们一个是妓女（"永恒少女"式的女儿），一个是丑八怪。"丑八怪"奥璐儿（Orual）是长女。赛姬一出生，母亲就去世了，奥璐儿接替了母亲的角色，把赛姬视为自己的孩子，像母亲一样给予她浓烈的关爱。父亲献祭赛姬后，奥璐儿痛失所爱。

奥璐儿憎恨父亲，憎恨他所代表的一切。由于堕落的父亲，她坠入了错乱、无序的世界，她厌恶这个局面，认为这全都拜父亲所赐。后来，她把仇恨转移到了神界，她既不相信神明，又因他们夺走了心爱的妹妹赛姬而耿耿于怀。在她看来，诸神和她父亲不过是一丘之貉。她认为：

> 杀她（赛姬）还不够，偏要借其父之手……神的花招，要得实在高明。请注意，神又在故伎重施。不管你闭眼假睡还是装疯卖傻，你都逃不脱他们的魔爪。就算是追到梦里，他们也不会放过你。其实，这时的你最无助，

---

[1] 古希腊神话中司掌美丽、爱情、性欲、航海的女神，奥林匹斯十二主神之一。——译者注

只能任由他们摆布。我们唯一能做的抵抗（其实称不上真正的抵抗）就是睁大眼睛、沉着冷静、兢兢业业，不听音乐、不仰望天空、不俯视大地，并且（最重要的）不爱上任何人。

在这个故事中，我们清楚地见证了一种消极的、僵化的意识的形成。形成这种意识后，人会变得冷漠无情，无法融入真实的生活。这是奥璐儿应对父亲带给她的重创和负面影响的一种方式。身为国王，父亲的言行举止反映了整个社会对待女性的方式存在问题，即未能在文化层面给予女性应有的认可和客观的认识。面对这种局面，奥璐儿选择了与父亲对抗。她甚至学会了斗剑，剑术胜过所有的男人。父亲死后，她继承了王位。但她的痛苦依然如影随形，因为她意识到自己的一生都在尽忠职守。她把自己活成了男人模样，虽贵为女王，心中却满是哀伤和落寞。

出于厌恶和憎恨，奥璐儿决定将其对诸神的控诉全盘写出。开始动笔后，她不断陷入各种可怕的梦境和幻象，就连已经过世的父亲也突然冒出来，厉声指挥着她的一举一动。有一次，她梦见父亲逼迫她进入宫殿的地下室，并抓着她从那里一起跳入了一个黑黝黝的大洞。在那里，父亲把她拖到了一面镜子前，让她看清楚自己是谁。奥璐儿看着镜子里的自己，发现竟和阿芙洛狄忒一模一样。那一刻，她忽然意识到，在她竭力对抗父亲，试图成为他的对立面的过程中，她自己也丧失了理智。她拼命想变得强大和理性，原来也只是为了掩盖超越理性的愤怒和嫉妒，这点和父亲简直如出一辙。她明白了，她的功课并非与非理性行为做斗争，而是要将堕落的灵魂（如父亲）转化为神圣的灵魂。她意识到自己公然亵渎众神只是在尝试凸显控制欲和占有欲（就像她父亲一样）。于是，在强大的诸神面前，她选择了屈服，也终于获得了爱的能力。

奥璐儿曾对自己说："我的目标是通过求知、练武和政务，激发出越来越多的随神意降临到我身上的坚毅、冷酷的力量。我必须彻底清除自己身上所有的女性特征。"处于这种斗士模式的女性通常都会嫌弃和鄙视自己的父亲，甚至会连带着嫌弃和鄙视世间所有的男人，认为他们怯懦无能，相信自己足够强大，独自一人就可以完成任何必须做的事情。但讽刺的是，她们其实还是以男性为榜样，没能正视女性的价值。在这类女性身上，人们经常会看到那种咬紧牙关、血战到底的坚定信念。对于她们来说，生活是一项沉重的负担，是一场场必须赢得的战斗，她们根本无法享受当下的每一刻。她们目光冷峻、大步流星、咄咄逼人，将女性的身躯和情感完全藏在了战盾之后。她们还是将女性视为了弱势群体,也并非为了托起真正的女性力量而战。许多激进的女性口口声声喊着男女平等,却把女性的包容力和接纳力看成软弱和被动的证据。或许,这就是她们选择这种生存模式的原因吧。

博比(Bobbie)就是这样一位女士。她刚来治疗时,整个人就像是困在了斗士的人设中。她发现自己很强势,活得像个男人。她希望自己能变得开放和包容一些,渴望能找个人恋爱、结婚,但又感觉自己心门紧闭,无法敞开心扉接纳一段关系。她的父亲在很多方面都算得上温和宽厚,却无一例外地给所有的女儿都取了男孩的名字。他望女成龙的愿望特别强烈,希望女儿们将来都能在事业上大展宏图。博比甚至感觉自己是被当作儿子养大的,所以她心高气傲,争强好胜,俨然一副钢铁斗士的模样。她觉得自己这种女强人的生活模式导致了婚姻破裂,是她谈情说爱的绊脚石。她对自己非常苛刻,不停地剖析自己的缺点。

接受心理分析后,她开始做冥想、练太极,还学了一门艺术。经过一番努力后,她终于敞开了心扉,渐渐地,她发现自己在与人交往时变得更加包容和随和。接着,她做了一系列的梦,梦里都是乐观、积极的女性形象。其中一位是个睿智的老妇人,她写了一本女性主题的书。另一位是个年轻的女孩,她在草地上自由自在地奔跑。过了一段时间，她又做了一个梦，梦见自己躺在那里，任由一个女人抚摸她的阴蒂。她的旁边还有一个男人，但那个男人只是静静地躺着，一动也不动。那个女人并未让她兴奋起来，她倒是担心阴道分泌物的气味会让那个男人感到不适。她把自己的顾虑说与那个女人，那个女人安慰她说，那位男士应该会喜欢那种气味。

做这个梦的那段时间，她正敞开心扉，感受自己柔和与随性的一面。但是，她还时不时想审视自己，甚至想变成被动、无辜的弱女子（如可爱玩偶式的女人）来取悦男人。在她看来，这个梦从三个方面映射了自己的人生。那个呆滞的男人象征着她曾经有过的阳刚之气，那股阳刚之气压抑了她作为女性柔美的一面，这正是来自父亲的投射，体现了父权文化的立场。那个女人是一个年轻的女同性恋者，她不是一个排斥异性的激进分子，而是选择了以女性为中心的方式为女权而战。而她在梦中看到的自己是一个可爱玩偶式的女人（对应了她未曾展现的另一面）。那一面的自己想要取悦男人，接受男性的价值观。她认为这个梦提示了她想与另一个女人建立连接，而所谓的另一个女人对应的其实就是她女性化的那一面。但她身上的男性化的一面和可爱玩偶式的一面挡在了中间，不允许她迈出那一步。之后，她的梦里开始频繁出现积极的女性形象，这表明她正在逐渐拥抱强大的女性特质。她开始意识到自己具备像"勇士女王"一样强大的力量,然而,她不会选择通过严格的防御机制来展现这些力量,而会将这股力量与自己柔和的一面融合在一起,这样她就能够以一种更加真实和女性化的方式表达自己的个性和力量。

5. "全副武装的亚马孙女战士"的绝望之境

"全副武装的亚马孙女战士"都有哪些共同点呢?最主要的一点就是掌控欲极强。因为她们总是认为男人软弱无能,或者为了抵制男人利用性别优势肆意妄为,她们就将权力牢牢地握在自己手里。处于掌控地位可能会获得一些安全感,但接踵而来的超负荷的责任和义务也会让人疲惫不堪。控制欲强的人往往对非理性行为心怀恐惧,竭尽全力想要在自己的生活中避免一切非理性行为,所以才会试图掌控一切。但掌控欲太强会让人僵硬、死板,无力应对变化和意外,而随性、自然、灵活才是人性的温度和魅力所在。通常,这样的女性都比较冷漠,很难与他人建立良好的关系,因为她们会试图规划和安排一切,而不是让事情自然地发生。如果一个人的掌控欲占了上风,那么他必然无法触及自己的创造力之源和灵魂内核。难怪"亚马孙女战士"会感觉生命空洞而乏味;难怪那些长期被压抑的本能突然爆发时，人会陷入抑郁、焦虑、绝望、无助等精神崩溃的状态。

"亚马孙女战士"往往过分强调限制和必然。克尔恺郭尔将这种态度视为绝望的一种表现形式，称其为"对必然性的绝望"。这种绝望意味着一个人彻底地疏离了自我。当一个人过于认同限制和必然，否认了所有的可能，包括自我的本能时，就会产生这种绝望。这种绝望会导致什么呢？克尔恺郭尔分析，当一个人将自己视为有限的存在时，他就会变成

> 一个无足轻重的数字，一个泯于众人的普通人……绝望者的狭隘源于本能力量的匮乏或丧失；在精神层面，这些绝望者其实已经阉割了自我。

克尔恺郭尔称，陷入这类绝望的人通常会变得越来越"世故"，即会逐渐深谙世界的运作方式，然后混迹其中、自得其乐。老于世故虽易取得世俗意义上的成功，但也容易落入俗套。这类人通常会忘了自我本就拥有更高的力量，所以不敢随性、自然地做自己，害怕那样会失控，进而失去现有的舒适、

安稳的地位。迈达斯国王（King Midas）[1]就是为了内心的安稳成功求得了点金术，结果他触及的一切东西全都变成了金子，就连食物也未能幸免，最后他只能活活饿死。实际上，这种求全求稳的态度也杀死了至关重要的生命活力。正如克尔恺郭尔所说，被绝望压垮的人会努力对抗生命。本质上，这种态度就是"对抗，即绝望地想要成为自己的绝望"，因为从根本上说，这类人是在否认可能性，拒绝超越自我控制能力的东西。如果有人将这种态度发挥到极致，那他就会如走火入魔一般变得极端自负，会拒绝更高力量向他伸出的援手，认为只有自己拥有所有的力量和能量。

"全副武装的亚马孙女战士"常常表现得犹如孤注一掷的女超人，因此，这种人设的崩塌时有发生，就像本书讨论过的电影和小说中的那些女人所经历的一样。她们每一个都经历了自我的崩塌和失去理智后的软弱与无助。珍妮、朱丽叶和奥璐儿都饱受幻觉的折磨；埃斯特和珍妮都曾尝试过自杀。对每个人来说，最关键的挑战，是承认自己的不足，接受自己已陷入抑郁、无法工作、无法正常生活。我和我的许多来访者也不例外。在这个过程中，我们必然会愤怒，会痛哭。许多女性坐在

---

[1] 希腊神话中的弗里吉亚王。——译者注

我的办公室里，气得浑身发抖，激动得眼泪直流。她们意识到自己无法掌控一切后，常会感到羞愧难当、颜面尽失。她们常说自己"不应该"哭泣或愤怒，因为那是无能的表现。她们的神经时常处于崩溃的边缘。然而，如果她们能够正视和接纳自己的情绪和感受，她们就能生出真正的谦卑之心，就能敞开心扉融入潺潺流动的生命之河。

6. 蜕变之路

当然，"亚马孙盔甲"只有在极端情况下才会彻底崩毁。但是，我们希望通过心理分析，帮助这些女性在崩溃之前完成有意识的转变。那么，如何实现这种转变呢？那些困在"亚马孙盔甲"里的女性要怎样做才能卸下束缚呢？

首先，她们要认清自己身上穿的是什么样的盔甲。如果没有这种认知，她们就会继续守着固有的模式对抗内在的自我。她们需要接纳自己软弱的一面。与主动以弱示人的"永恒少女"不同，"亚马孙女战士"一贯锋芒毕露、逞强好胜。但女强人只是她们的外壳，她们的内心大多还是充满了无助。她们渴望依赖他人，向外索求时咄咄逼人，强势到可以吞噬身边的一切。"殉道者"整日戴着苦大仇深的受害者面具，顾影自怜的同时也渴望得到他人的怜悯。"超级巨星"最引以为傲的就是自己的成就，但是，成就一旦沦为博取关注的工具，就很容易失去意义。一旦成就幻灭，"超级巨星"就会万念俱灰、寸步难行。"乖乖女"在工作和生活中都乖乖顺从了别人的意愿，压抑了内心的不同想法和想要逃离的欲望，但是这样可能会破坏自己内心的秩序，进而将自己和他人引入混乱、无序的局面。而冷酷、坚毅的"勇士女王"可能会性情大改，直接变成软懦、黏人的小女孩，走向过于依赖他人的另一个极端，进而摧毁自己和他人的生活秩序。

对于"亚马孙女战士"来说，承认和接纳自己的软弱和脆弱并不会一下子变成十足的"永恒少女"，但是她们在蜕变的过程中确实可能会经历这个阶段。"亚马孙女战士"已经积累了很多的力量和能量，这点非常难得。关键是，她们要试着让这种力量从自我的内在核心中自然流露出来，而不是为了树立虚假的人设强行凸显出来。她们需要带着这种力量去直面内心的恐惧。陷入非理性状态或者将非理性状态视为获取知识的方式都不是懦弱的表现，相反，不敢直视生活的这一面才是真正的懦弱。如果"亚马孙女战士"能够学会正视自己的脆弱和生活中不可控的领域，她们就有望挖掘出新的力量源泉。这些女性的蜕变之路存在一种普遍现象：有时候，为了掘出"新的成果"，即能够改变生活的新颖姿态，她们必须深入自己的无意识世界，在那里经历脆弱无助，甚至抑郁、无聊或焦虑的状态。虽然"亚马孙女战士"大都是勇往直前的实干家，但这一蜕变无法靠"实干"实现。就我的个人经验而言，"无为"才是上策。

修改这一章时，我发现自己困在两件"亚马孙盔甲"里——"超级巨星"和"殉道者"。我内心的创造能量似乎被卡住了。当时，交稿日期就快到了，我却疲惫不堪，写不出一个字。压力太大了，我感觉不堪重负。修改完这章后，我的状态还是未能恢复。我开始觉得自己也无法胜任其他工作了。于是，我放下写作任务，去大自然中走了一圈，还去拜访了一些朋友。对于束缚我的"亚马孙盔甲"，朋友们建议我用《易经》算一卦，我试了一下，得到的卦象为"否"。卦象图显示我的内心有两个女儿，"……她们虽然住在同一屋檐下，但各自心有所属，故各从其志"。在我看来，这两个女儿代表了我自身互斥的两面——"亚马孙女战士"和"永恒少女"。"永恒少女"一心想玩乐，而"亚马孙女战士"却需要工作。夹在两者之间，我感觉自己被困住了，什么也做不了。我得到的建议是："如果你的马跑了，不要去追，它自会回来。"我明白，《易经》是在告诫我不要强求，强求只会事与愿违。追着马跑只会让自己越跑越远，所以最好让马儿自己回来。写作也是如此，我只能等着我的创作劲头自行回归。看了这幅卦象图后，我紧绷的心忽然舒展了，开始淡定地等待状态的回归。

"全副武装的亚马孙女战士"总认为女人必须活成男人的样子才能拥有权势和力量，但是她们若想完成真正的蜕变，就必须摒弃这种观念。许多女性都是在对抗父亲的失职时成为"亚马孙女战士"的，这些对抗或发生在私人领域，或发生在社会文化领域，或两者兼而有之。因此，她们构建偏男性化的身份认同，或许是想填补父亲在某些方面的缺失，这点不难理解。她们最初认同的是英勇的男性气概，这种认同确实需要经历认可和释放的过程。但是，这类女性极易陷入个人英雄主义的生存模式。若她们不想崩溃，她们就得软化自己的盔甲。软化的过程中，她们可能会找到一种新颖的方式来接纳自己的女性特质和男性的女性特质。她们面临的困境似乎也是我们这个时代的一大难题，因为"亚马孙女战士"在争取自身权益时，经常得与男性展开权力对抗。她们必须拿起剑，像男人一样厮杀。但是，到了战场，她们发现自己像奥璐儿一样，有剑、有盾、有面具，却没有战友。

或许是因为她们最初认同的是男性特质，遇到温暖、有爱的男性形象，她们的盔甲就能变软。我的梦里就曾出现过这样一位男士。在那个梦里，一名年轻男子悄悄搬进了我的新家，还精心布置了一个房间。那个男人热爱大自然，喜欢远足和旅行，之前去波兰和墨西哥时还带回了色彩斑斓的手工地毯。地毯的图案是花鸟元素，底色是柔和的玫瑰红。他的房间里铺着这种漂亮的地毯，摆放着舒适的沙发和座椅，灯光明亮而温馨。他穿着睡衣坐在沙发上，悠闲地听着音乐、看着书。那一刻，我深深地爱上了他。半夜醒来，我寻遍了整个家，想找到那间房和那个男人，但是——唉！什么也没找到！清醒后，我一度很失落。然而，后来我意识到，这个男人的意象出现后，我的内在男人开始喜欢女人，也可以动手打造温馨、舒适的家居环境。

另一个例子是情圣卡萨诺瓦（Giacomo Casanova）[1]。1975年，荣格纪念讲座在苏黎世举办，希尔德·宾斯万格（Hilde Binswanger）在发言中将唐璜和卡萨诺瓦这两位大众熟知的浪荡子进行了比较，认为可以将他们视为两种不同的内在男性意象。唐璜到处窃玉偷香，伤害了无数女人，导致她们对自己和男人都丧失了信心，宾斯万格将他比作内在男人的消极面。卡萨诺瓦爱上过许多女人，但每个女人都感受到了被爱，也因为他而变得更有女人味了，因此宾斯万格认为他代表

---

[1] 欧洲著名的风流才子，为人风趣又博学多闻，是当时风流倜傥的万人迷。——译者注

了内在男人的积极面，让女人感觉良好。基于这两个意象来分析的话，我认为"全副武装的亚马孙女战士"似乎一直在对抗唐璜式的男性意象。"唐璜"与"变态老头"一样都厌恶女人，削弱了女人的自我价值感，打击了她们的自信心。但在对抗的过程中，这些女人也会变得强硬起来。相比之下，温柔体贴的卡萨诺瓦则微妙地认同了女性特质。和他在一起后，女人能够接纳自我并基于强大的女性内核自由而鲜活地展现自我。

这种温柔、绅士的男性形象可能乍一看像软弱、无能、愚笨的"小傻子"。在童话故事和塔罗牌[1]的象征意义中，"小傻子"或"愚者"[2]通常会漫无目的地游荡，迷失时通常会遇到新鲜和未知的事物。而"亚马孙女战士"生活中缺少的正是这种新鲜和未知的事物，因为她们的盔甲保护着她们，将她们与这些事物隔离开了。"小傻子"或"愚者"柔和、感性的形象容易使人联想到女性特质和人性的本能。韦特塔罗牌[3]的牌面上的"愚者"手里拿着一朵玫瑰，脚边站着一只小狗；而在童话故事中，"小傻子"则经常席地而坐、放声哭泣，他会喂

---

1 西方最为古老和神秘的占卜方法之一。——译者注

2 塔罗牌大阿卡那（主牌）的第一张牌。愚者通常满怀天真、单纯且没有惊恐地迈向人生旅途。——译者注

3 世界上最通行的塔罗牌，由古代塔罗大师A.E.韦特精心设计而成。——译者注

养一些动物，那些动物会帮他救出困在玻璃山里或塔中的公主。关于这个主题，我会在本书的另一章中细讲，这里只浅谈几句——"小傻子"意象可能有助于这些女性接纳和认可自己软弱的一面，有助于她们与自己的女性特质建立新颖、独特的连接。

我们知道，"永恒少女"在蜕变之路上的功课是认可和提升自己的力量。而"亚马孙女战士"则恰恰相反，她们的功课是要学会服软，学会接纳自己柔软的一面，然后试着将其与之前锻造出来的硬朗的力量糅合在一起，活出新颖、独特的女性姿态。

第一部分　创伤

第五章　内在男人

想要探索一个民族的概貌，就去探索其男人和女人的关系。

——赛珍珠（Pearl S. Buck）[1]

父亲是女性人生中接触到的首位男性。女儿对男性以及自身内在男性特质的认知通常都是以父亲为参照的。我发现，那些在父女关系中受伤的女性大都会反复梦到一些男性形象。我将在"永恒少女"的梦境和经历中经常出现的男性形象称为"变态老头"，在"全副武装的亚马孙女战士"的梦境和经历中经常出现的男性形象称为"愤怒的男孩"。

"永恒少女"惯于否认自己的力量和能量，步步屈从于强势而专横的男性，因此未能正常地发挥自身的能量，内心似乎有个挑剔的法官总在审判自己的一言一行。"全副武装的亚马孙女战士"则总是排斥自己松弛的一面，只愿展露出偏男性化的那一面，表现得像暴躁、叛逆的少年，因此她们需要全面认

---

[1] 美国作家、人权和女权活动家，出生四个月后即被身为传教士的双亲带到中国，在中国生活了近四十年。——译者注

可自己，冲破"亚马孙盔甲"的束缚。为了与内在的男人以及别的男性建立更好的关系，这些女性需要觉察到内心的这些形象及其影响。只要她们直面这些形象，就能与男性建立更新颖的关系。

1. "永恒少女"和"变态老头"

很多女性在接受心理分析时都曾对我说过："我怎么能这样呢？……我不行……我做的一切都是错的……生无可恋……没人会爱我了。"其实，这些话，我也曾对自己说过，一次、两次或者多次。我忽然很想弄清楚：为什么我们会如此缺乏自信？这种消极的自我认知背后到底隐藏着什么？为什么有些女性宁愿守着"永恒少女"的人设傍人篱壁？是什么让她们如此不自信、如此没有安全感？

突然，一个人影闯入了我的脑海。那是我和许多女性来访者反复梦到的形象——一个变态、残暴的老头。通过下面这个梦境，我们来详细了解一下这个老头。

梦中，一个性变态的老头一直尾随着一个未经世事的年轻女孩，只等机会合适时对她下手。他说，只要她到了穿长裙的年龄，即身体一发育成熟，他就会强暴她。女孩长大后，他试图侵犯她，但这个女孩的一位女性朋友曾警告过她要小心这个男人，所以这个女孩早有准备，当场就给了他正面一击。偷袭失败后，这个变态老头恼羞成怒，疯狂地朝女孩扑去，女孩对着他胯部猛地一踢，踢得他向后打了个趔趄。这下他更生气了，拎起一桶清洗草莓的污水想往女孩身上泼。但是，这个女孩反应超快，一把抢过水桶，反过来把水泼在了他的身上。当时，她听到耳边传来一个声音："这是童话故事里的情节，四种语言的故事里皆有类似的桥段。"

这个梦境揭示了"永恒少女"和"变态老头"之间的关系，明确了"永恒少女"会长大，强调了"永恒少女"长大后会遇到的危险。到时候，"永恒少女"就会有意识地对抗"变态老头"，就有可能处理好与这个内在人物的关系。后面我将对这种可能性展开讨论。但首先，我们还是再多了解一下"永恒少女"和"变态老头"，试着探寻他们依附彼此的原因和方式。

就像珀耳塞福涅注定会被冥王劫入漆黑冥界一样，每一个"永恒少女"的内心也都有"变态老头"顽固、霸道的一面。这个老头本来挺睿智的，由于长期被人忽视，他才逐渐变得心理扭曲、面目可憎。在我看来，这种忽视是由于父亲没有在情感和理性的层面尽心尽责地陪伴女儿，也就是说，父亲没有真正履行父亲的职责。

女儿的内在权威和精神力量都建立在父亲原则之上，一旦父亲原则出现缺失或异常，"变态老头"就会乘虚而入。根据我的经验，人一旦有心理能量被压抑，这种能量就可能朝着畸形的方向发展。每个人身上都有父亲给予的潜在能量，不论男女。但要激发出这些潜力，我们需要经历一个过程，需要一次次地探索和尝试。在这个过程中，我们会逐渐走向成熟，会学着利用好我们内在的能量。

但是，如果父亲在女儿的成长中缺位或者造成了负面影响，那么女儿又该如何挖掘和了解自己的这种潜在能量呢？通常情况下，她们只能依赖母亲和亲戚的评价，依赖主流文化对女性的定位，依赖因脱离现实而产生的越来越多的幻想。缺位的父亲极有可能也是缺位的丈夫，因此，这些女孩的母亲很可能对男人满腔怨愤、满口怨言，这些母亲的内在男人可能是变态的、负面的形象。所以，这些女孩长大后自然会对父亲和男人抱有成见，无法正视自己内在的男性特质。如果对男性展开过多的负面想象，就会认为男人都和蓝胡子[1]差不多。这种认知可能发生在个人层面，也可能发生在文化层面。举个极端的

---

[1] 又译青须公，是法国诗人夏尔·佩罗（Charles Perrault）创作的童话故事的同名主角，他连续杀害了自己的妻子们。他的本名不详，因为胡须的颜色而得名。后人用其指代花花公子、乱娶妻妾或是虐待老婆的男人。——译者注

例子，假设一个女人在法西斯主义横行的纳粹德国长大，那么她心目中的父亲形象和精神力量又会是怎样的呢？或者我们可以假设这个女人生活在美国，答案又会是怎样的呢？美国的男人大都像少年一样，离婚率也很高，大家对婚姻不够投入，不少婚姻都只是昙花一现。

女人一旦对父亲形成不好的印象，就会开始质疑所有的男人。这些女人不太容易信任男人，她们对男人的评价和感受通常都是消极的。但是，"永恒少女"和"亚马孙女战士"对父亲和男人的成见有所不同。"亚马孙女战士"认为男人都弱小、无能，自己才是勇猛、强大的那一方。她们认为自己足够独立，男人可有可无。相反，"永恒少女"把自己的权力拱手交给了男人。她们选择依赖男人，宁愿摆出弱者的姿态，任由强势的男人摆布。在男女关系中，男人负责发号施令，她们负责言听计从，或心甘情愿，或身不由己。不难看出，施虐—受虐共生模式就是这样形成的。她们把所有的权力都交给了男人，没有给自己留下任何退路，自信心和自尊心都十分低下。当然，她们可能在潜意识里自我膨胀得厉害——自我评价过高、过于脱离实际。她们可能会觉得自己像娇嫩的公主，之所以床垫下的几粒豌豆就导致辗转反侧难以入睡，是因为自己太高贵、太美好了，低劣的东西根本配不上自己。但是，在意识层面，她可能会觉得自己像灰姑娘，被冷落、被虐待、被打入尘埃。有位女士的梦境清晰地印证了这一点。梦里，她在厨房忙着去鸡骨，而她的男朋友却在对着一个非常自信、自恋的女人百般奉承。最后，她忍无可忍、勃然大怒，直斥那个女人太过膨胀。而这正是她在现实生活中需要去做的——觉察到自己在无意识层面的膨胀的自恋，明白正是这种自恋让她在现实中觉得低人一等。

"永恒少女"的耳边总是有一个刻薄、轻蔑的声音不断提醒她：她一无是处，注定一事无成，她不值得被爱。如果她听信了这个声音，就会跌入恶性循环，将自己困在负面评价之中，认定自己软弱无能、毫无价值。确实，她经常在外部世界"四处碰壁"，但那是因为她把自己所有的权力都交给了那个像施虐狂一样的内在男人，那个男人一边奚落她、贬低她，一边又助长了她的膨胀。

四种不同类型的"永恒少女"都面临着这样的问题。"可爱玩偶"活在男性伴侣的投射中；"玻璃女孩"生活在幻想世界中，无力面对现实；脱缰之马式"永恒少女"换了一个又一个男人，多情又薄情；边缘另类的"永恒少女"活成了世人眼中的坏女孩，沦为社会的弃儿。这些女性缺乏自信，听信了内心诋毁自己的声音，因此无法活出真正的自我。一位来我这里接受心理分析的女士曾梦见自己去参加一个新生儿送礼会或新娘送礼会[1]时，中途把车停在了一个死胡同里。一个老头试图偷她的车，被她撞见后，立即把所有的轮胎都扎破，导致她的车彻底动不了了。这就解释了为什么她在现实生活中深陷泥沼，无法将巨大的创造潜力付诸实践并充分发挥出来。

女性很少锋芒毕露，所以人们总是怀疑女性是否有真本事。"从古至今，有哪个女人做出过什么惊天动地的事吗？"类似的质疑声总是不绝于耳。但是，如果我所描述的这个女性成长过程确实有代表意义，那么在我看来，这种质疑也不难理解。对于"永恒少女"来说，要想在这个世界上有所建树，她们就必须反击内在的"变态老头"，就是这个"变态老头"侵蚀了她们的潜力。

我认为，这个"变态老头"在整个文化层面也有一定的影响力。他把男性对创造力的理解和认同强加给了女性，试图用逻辑和理性掌控一切。如果女性遵循他设定的规则，那么她们就必须像男人一样去开拓创新，不能遵从内在的女性核心。难怪"成功"的女性寥寥可数，原来是因为她们被剥夺了女性特有的创造方式。此外，"变态老头"除了在创造力方面把男性

---

[1] 为即将分娩或结婚的女子举行的送礼聚会。——译者注

的标准和评判强加给女性之外，还在文化层面压制女性，让女性不敢理直气壮地开辟独有的成功之路，让她们稍微为自己花点时间和精力就愧疚不安。阿娜伊斯·宁一生中的大部分时间都在做"永恒少女"，她的父亲也是一个"永恒少年"，但她还是找到了成功之道，为这个世界做出了自己的贡献。从她的经历中，我们可以清楚地看到女性的困境。她说：

> 关于写作，女性要比男性多面临一个问题，那就是内疚。不知何故，女性会将创作活动、创作的意愿与男性的概念联系在一起，担心这种活动会对他人构成威胁。因为我们的文化并不要求女性取得成就，只对男人寄予厚望。所以，如果男人把自己关起来，专心写小说，三个月不顾家，他们不会感到内疚。但女性几乎生来就认为照顾好家庭才是她们的首要职责，担心写作是太过个人化的行为。她们分不清自我与主观和自恋之间的界限。然而，相比之下，世人却未说过哪位男性作家太过自恋。

我这并不是在为女性缺乏创造力寻找借口或理由，绝对不是。因为找借口掩饰不足只会让自己陷入"永恒少女"的模式，成为楚楚可怜、孤立无助的女人，任由那些刻薄的"老头"摆布。但是，根据我的经验，想要改变一种生活模式，就必须理解这种生活模式。通常，那些对女性伤害极大的生活模式在这些女性的外在和内在都会有迹可循，她们一旦觉察到这些迹象，就需要在两个层面同时采取应对措施。在创造力领域，对女性来说，最重要的是要看到这种扭曲的男性力量如何在外在的文化层面和内在的精神层面上限制了她们。

除了在创造力层面，施虐—受虐共生模式在性关系和人际关系层面也表现得十分明显。在上面提到的梦境中，男人是个年老的性变态，女孩未经世事、天真稚嫩。老头凶狠毒辣，想要毁掉女孩。但是，天真和堕落似乎是一体两面的关系。来看下面的例子。做心理分析时，我遇到一位女性，因为未能与父亲建立连接，她试图从她遇到的每个男人身上寻找父爱。小时候，家里严格禁止她与父亲同床而眠，她一直生活在性隔离的世界里。但是，物极必反，很快，她就从懵懂少女变成了疯狂的滥交者，面对男人的要求，就算她不能接受，也说不出一个"不"字。虽然她是真的很喜欢和她交往的大多数男人，但她真正想找的还是一个父亲。然而，她找来找去，找到的却只有性伴侣，因为只有通过性关系，她才可以拥有这些男人。这些男人大多是已婚人士，经常分身乏术，所以在和这些性伴侣的关系中，她反复品尝到了当年被父亲冷落和抛弃的滋味。因为她寻找伴侣时并非真正出于女性情感和欲望的需求，而是为了填补父亲从未给过她的爱和承诺，所以她在所有这些关系中都背叛了自我，同时也未曾真心对待过那些男人。她内心深处并不相信他们，否则她肯定会告诉他们自己的真实感受。在这个案例中，那个"变态老头"似乎在告诉她，获得亲密关系的唯一方法就是把自己的身体放在市场上出售，这无疑进一步削弱了她的自信心。这个"变态老头"还引导她去接近一些高不可攀的男人。因此，在看似"开放"的性关系中，她其实身陷牢笼、故步自封，融不进真正的亲密关系，流淌不出自然的爱欲，仿佛还生活在儿时的性隔离世界中。而这个"变态老头"之所以能够控制她，让她无法进入真正的亲密关系，就是因为她天真懵懂、没有主见、消极被动、仰人鼻息，甘于做个柔弱的小女孩而非自信的大女人，亲手把主宰自己生活的权力乖乖交给了这个老头。

这种模式并不罕见。仅仅通过儿童性侵事件高发这一事实，我们就可以明确这一问题的严重性。在这些案例中，儿时被年长男性性侵甚至强奸的女性所受的伤害最为严重，因此，她们的自信心也会严重受损。成年后，那个"变态老头"依然盘踞在她们的内心深处，挂着一副恶意、刻薄的面孔，继续对她们施虐。在社会层面，身陷这种模式的还有妓女。研究表明，她们都曾被父亲粗暴地嫌弃，所以她们才会通过出卖身体来重新体验那种被男人嫌弃的感觉，进而反刍内心的恨意。但是，我们发现，在那些看似幸福的家庭主妇或时尚达人身上，这种模式竟然也暗潮汹涌。

电影《巴黎最后的探戈》（Last Tango in Paris）完整地展现了一个虐待狂老男人和一个受虐狂年轻女子的极端相处模式。在这种模式中，男女双方所面临的危险也体现得淋漓尽致。电影开场，一个悲痛欲绝、心如死灰的老年男子在租房子时与一个青春艳丽的年轻女子不期而遇。很快，二人就发生了关系。但是，两人的关系仅限于性层面，不带一丝一毫的感情。男人提出双方只能发生性关系，不能问彼此任何问题，他们甚至不知道对方的名字。起初，女孩有点想了解他，但最终还是顺了他的心意，后来无论他提出什么要求，她都照单全收。对她来说，这场偶然的艳遇逐渐演变成一种强迫性的上瘾行为，她开始允许自己接受各种羞辱性和贬低性的性行为。剧情发展到这一步，观众可能会认为，这种模式会无休止地持续下去，然而情况却发生了逆转。不知从何时起，那个老男人忽然爱上了她，想要和她建立更深层的情感关系，但是，女孩却坚持保持之前的关系模式。她成了拒绝的那一方，掌控了关系的主导权。最后，男人紧追不舍，不停地询问她的名字，她惊恐万分，开始歇斯底里地自卫。慌乱中，她开枪打死了那个男人，说道：

> 我不知道他是谁。他在街上跟踪我。他想强奸我。他是个疯子。我不知道他的名字。我不知道他的名字。我不知道他是谁。他是个疯子。我不知道他的名字。

也就是说，她杀了那个男人之后依然认为自己是无辜的。毕竟她不知道对方的名字，所以她试图拿正当防卫做借口为自己开脱。

这部电影夸张地呈现了虐待狂和受虐狂之间的极限博弈。但或许更重要的是，它还呈现了一个不常见的视角——这个女孩其实也是一个虐待狂，因为是她最终杀死了那个男人，拒绝走入真实的亲密关系。这个女孩的另一面是对那个男人无比顺从，但这种顺从或许正是出于对男人的不信任甚至仇恨的负面感受。亚历山大·罗文在他的书《爱情与性高潮》中从另一个角度描述了这类依附他人的女人的生存模式。他写道，这样的女人在心理上犹如妓女，因为被嫌弃过，所以尤其缺爱。为了得到爱，她们不惜付出任何代价。但是，她们这种需求太急切、太强烈了，任何男人一旦与她们产生瓜葛，就会被这种需求所吞噬，因为无论这些男人付出多少，都永远不够。由于她们欲壑难填，她们的情人最终一定会不堪重负、无力应对，甚至会心生愧疚。到那时，她们就会鄙视那些男人，把他们贬得一文不值。

虽然这个例子有点极端，但我认为，在"永恒少女"和"变态老头"的关系模式中，多多少少都存在这样的问题。在我前面提到的那个梦境里，"永恒少女"必须正面对抗"变态老头"。在这个对抗的过程中，她必须有意识地关注他的一举一动，不能对他视而不见，也不能像未经世事的小女孩那样没有任何防备之心。只有有意识地接受他的存在，才能主动捍卫自我，从而挣脱他盛气凌人的控制。从他手中夺过清洗草莓的污水反泼在他身上，就是捍卫女性力量的一种表现，代表了她拒绝被畸形爱意的余毒所侵染，证明了她已经学会认可自身所拥有的爱的力量。但首先，她必须面对这个人物——了解他，给他命名。《巴黎最后的探戈》之所以会酿成悲剧，就是因为那个年轻女孩害怕直面那个老男人，害怕知道他是谁，害怕了解他，害怕知道他的名字。相反，在梦境中，就像在童话《侏儒妖》中一样，正是因为女孩知道了变态人物的名字，认清了变态人物，她才挣脱了变态人物的魔爪，从而避免了悲剧的发生。

但是，如何实现这种命名和识别呢？一种方法是通过我们的梦境，因为梦境可以揭示我们内在的性格特征以及这些性格特征此消彼长的关系。另一种方法是理解我们对他人的投射，即我们希望他们成为什么样的人的幻想。童话、神话、文学和电影为我们提供了一些认识自我的机会，我们可以通过观察各种角色以及他们之间的关系模式更好地认识自己。还有一种方法是展开丰富的想象，即主动与内在人物对话，弄清楚他是谁，为什么会出现，为什么会那样行事。有位来访者告诉我，她曾在想象中与一个在她梦里多次出现的"变态老头"交谈过。她问他为什么会如此卑鄙下流，他答："小姑娘，你看似天真无邪，实则自以为是，我实在看不下去啊。你忙着扮演楚楚可怜的弱者，故意冷落我、责备我，但我也需要你的关注啊，所以我才来骚扰你。试着理解理解我吧，想想我为什么如此沮丧。这就是我看起来恶毒的原因。"这个内在人物似乎是想告诉她，他之所以看起来如此变态，就是因为她总是无视他，对他视而不见。后来，她试着关注他，和他说话，把他当朋友，他立马就开始改变了。

"永恒少女"就是因为忽略和无视这个"变态老头"才跌入了无助和被动的泥潭。那么，在心理层面上，"永恒少女"是如何忽视这个"变态老头"的呢？有一种忽视是根本不承认他的存在。比如，理想主义者和夸张的乐观主义者眼中根本没有任何限制和界限；脱缰之马式"永恒少女"相信一切皆有可能，看不到自身的阴暗面。对于脱缰之马式"永恒少女"来说，缺乏耐心就是她们忽视"变态老头"的表现，她们对时间没有敬畏之心，急切地憧憬着未来，无法心无旁骛地完成当下的任务。可爱玩偶式"永恒少女"大多也无法承认自己的阴暗面，因为她们的父亲和爱人对她们的投射过于完美。如果让她们翻转到自己的另一面，她们就得像边缘另类的"永恒少女"一样，承认自己的叛逆和阴暗，但这一面与"变态老头"一样不堪，所以无法与之构成对抗关系。有些女孩过度沉迷于毒品、酒精和性行为，这其实也是在逃避现实，无视身体耐受极限和心理负荷能力。而"玻璃女孩"也忽视了"变态老头"，选择躲在自己的幻想世界中。

　　有些女性可能是为了摆脱"变态老头"而忽视了他们。有位来访者曾梦见被一个年长的男人跟踪，那人明显不怀好意，所以她一直试图甩掉他。他们跑到一排栅栏旁时，她转过身来朝着那人的腿踹了一脚。那人被绊倒后掉进了一个洞里，洞中放着一个像棺材一样的大箱子。她想把那人埋在里面，但还没来得及埋好，那人又忽然出现在她身后，嚣张地断言她插翅难飞。但是，她成功飞走了，只不过飞着飞着，被吸入了一个真空区。在这个案例中,这位女士经常表现得玩世不恭,不断地陷入自我批评,她的这种生活态度其实就是那个"变态老头"的外在体现,他在以这种方式告诉这位女士她不会成功,让她觉得自己"很差劲",让她自惭形秽。正是因为这一点,多年来,她一直未能在学业上取得进展,当她鼓起勇气重返校园时,那个"变态老头"立即冒出来告诉她,她学不好的。出现上述这个梦境时,她已经开始与这个内在形象对抗了,但并没有痛下决心打败他,还在想着要挣脱他。梦里的她在天上被吸入真空区象征着她内心一片空白,表明她十分沮丧和惭愧,因为她没有好好发挥自己的潜力,而是把创造力投射到了男朋友身上。接受心理分析后,她开始直面内心玩世不恭的一面,并开始旗帜鲜明地与之对抗,她越来越清晰地意识到自己并非关系中的受害者,开始主动为自己的决定负责。比如,她坚持寻求职业发展。每当内心那个偏激、恶毒的声音告诉她"你不配获得成功"时,她就会以更大的嗓门反驳他,告诉他,他错了,她可以实现自己的目标。而在她迈出这一步后,世界也接连为她敞开了许多扇新的大门。

那些"变态老头"可能会非常恶毒,这也是女性想要挣脱他们的原因之一。女性将他们视为魔鬼,排斥他们、疏远他们,而他们本身既傲慢又虚荣。因此,自我否定和自我膨胀这两种状态通常会在这些女性的内心交替呈现。就我个人而言，当我感到被否定时，我一般会对自己说："好吧，那我就去一个真正尊重我的地方……"当然，这意味着被否定的人并没有坚持肯定自我价值。为缓解这种挫败感，她们或许会幻想自己很强大并抨击那些否定自己的傻子有眼无珠；又或许，她们会隐隐觉得那些否定自己的人是对的。

直面这个"变态老头"，就意味着要面对这种由被否定的挫败和幻想中的自我膨胀交织在一起的复杂感受，意味着一方面要认同心中那个魔鬼的声音，听他以强势而无力的傲慢之姿不断说着"我做不到"，一方面还要幻想自己完全有能力判断自己能做什么或不能做什么。而躲避的态度否定了自我之外的更高力量或内在的治愈能力，将这一切都藏在了少女般怯懦、无助的外表下。直面这个"变态老头"，就意味着有可能和这个人物展开搏斗。这场搏斗可能会给这些女性带来新的力量，她们可能会像梦中的女孩一样，勇敢地把脏水泼回去，完成任务，得到认可。直面"变态老头"也意味着可能需要承认这个老头扭曲的行为中隐藏着某种潜在的力量。毕竟，魔鬼本质上就是堕落的天使，他们也曾经高贵过，只是因为误入歧途，才滥用了原本无害的能量。

下面这幅画面，是一位年轻女子在最初接受心理分析时所做的想象。通过这个例子，我们可以发现，有时候，人们确实可以从扭曲的行为中挖掘出潜在的价值。

> 我在海边登上了一艘木筏，木筏由一只巨大的天鹅牵引。在海面上滑行的时候，我们遇到了一朵又大又美的莲花。接着，天鹅带我潜入水中，来到了一个洞口。进入洞穴后，一位女巫接待了我。她带我穿过一个又一个洞穴，越过一头野猪，进入一个圆形的房间。在那里，她命令我和一只巨大的蟑螂共舞。起初，我们两个和蟑螂一起跳。后来，女巫走了，把我一个人留在那里和蟑螂跳。我很抗拒和这只巨大的蟑螂跳舞，太吓人了，太恶心了，但我还是硬着头皮跳了。跳着跳着，突然，蟑螂的外壳裂开了，一位年轻、英俊的王子从里面走了出来。

这位女士关于蟑螂的想象其实源于她的父亲。她看不起父亲，十分嫌弃他，认为他很无能，觉得他已经烂到了骨子里，从心眼里排斥他的一切。提到父亲，她的脑海里基本都是负面的回忆。父亲经常半夜才回家，他到家时，蟑螂也都出来了；他经常失去理智，无法控制自己的情绪。除此之外，客观上讲，他是一个热情、外向、敏感的人。但是，他太过依赖自己的母亲,还没有找到自己的力量,也没形成内在的秩序,所以无法恰当地处理和表达自己强烈的情绪。在他的原生家庭中,父亲缺位、母亲多病,所以他在成长过程中没有任何可以效仿的榜样。然而,在女儿看来,父亲心思过于敏感,情绪过于外露。在这些方面,她绝不允许自己和父亲有半分相似。但是,当她鼓起勇气与令人作呕的蟑螂共舞时,蟑螂的外壳裂开了,她忽然看到了父亲外露的情绪和敏感特质中阳光的那一面。但要触及自己内心的积极面,她首先必须面对刁钻刻薄、冷漠疏离的母亲(对应想象中的女巫),释放对父亲(对应想象中的野猪)的怒意。而她想象中的那只巨型天鹅在她探寻自我的旅程中堪比那只引领圣杯守护者罗恩格林(Lohengrin)[1]的天鹅。因此,对她来说,与那个和蟑螂一样的变态人物共舞,就是开启自己心灵大门的钥匙。

《黄色小矮人》("The Yellow Dwarf")是女作家达奥努瓦夫人(Madame d'Aulnoy)[2]创作的一个童话故事。有一天,我在读这则童话时突然意识到,如果这个女孩不专注于自

---

1 《罗恩格林》是德国作曲家瓦格纳创作的一部歌剧,主角罗恩格林是一位圣杯骑士。——译者注

2 玛丽-卡特琳·达奥努瓦(1651—1705),著名法国童话作家,代表作品有《五月花公主》《青鸟》等。——编者注

我成长，不主动面对内心的那个"变态老头"，这个故事就会演变成一个典型的"永恒少女"坠入泥潭的故事。这则童话还揭示了一些蜕变之道。故事开篇交代，有一位王后，她只有一个女儿。国王已经去世了，小公主是王后心灵上的唯一寄托，她生怕女儿和自己不亲，所以一味地娇惯她、宠溺她，不管女儿犯了什么错，她从不舍得纠正。结果，这位小公主长大后变得非常傲慢和虚荣。她只在意自己的美貌，认为自己是世界上最美的女人，根本不把别人放在眼里。公主长大后，追求者络绎不绝。起初，王后也感到很骄傲，但是，后来公主告诉她自己不想结婚，认为没有一个追求者配得上自己，她就开始担心起来，意识到不该任由女儿为所欲为。为了帮助女儿改掉这些坏毛病，她决定去请教一位有"沙漠仙子"之称的女巫。拜见女巫的途中，必然会遇到一群可怕的狮子，所以王后带了一些蛋糕，准备到时候喂给它们。但是，她在路上走得太累了，不小心在一棵橘子树下睡着了，有人趁机偷走了她的蛋糕。听到狮子的阵阵怒吼，她忽然惊醒。慌乱中，她突然发现头顶的树上有一个黄色的小矮人在吃橘子。小矮人提出，只要她许诺把女儿嫁给自己，他就会保护她免遭狮子的攻击。惊慌失措的王后虽然对他厌恶至极，但还是答应了他的要求。回到王宫后，王后一直放不下这件事，整日郁郁寡欢，但没有告诉任何人。

公主担心母亲，也决定去向"沙漠仙子"求助。巧的是，她也在那棵橘子树下睡着了，醒来时也看到了那个黄色的小矮人。小矮人将王后的承诺告诉了她，她无法接受，一口回绝了。然而，那群狮子又出现了，她顿时陷入和母亲当初一样的绝境，为了保命，她同意了嫁给小矮人。死里逃生的贝莉丝玛（Bellissima）陷入了深深的哀伤，返回王宫后也终日闷闷不乐。是的，这位公主的名字叫贝莉丝玛。

遇到黄色小矮人后，贝莉丝玛的傲气收敛了很多。为了摆脱黄色小矮人，她决定选定一个追求者把自己嫁出去。最终，她选择了金山国的国王。金山国国王受宠若惊、欣喜若狂，不敢相信公主竟然选择了自己。不过，没多久，公主就真的爱上了他。转眼，婚礼的日子到了。然而，仪式还没开始，两个不速之客——黄色小矮人和"沙漠仙子"就闯了进来。为了争夺公主，黄色小矮人和金山国国王打了起来。金山国国王看到"沙漠仙子"——那个头上缠绕着蛇的丑陋女巫——把贝莉丝玛打昏带走后备受打击，无心再战。他退出打斗，急忙去救贝莉丝玛。他想好了，要么把她救回来，要么陪她一起死。然而，眼前发生的一切太恐怖了，惊恐万分的他忽然什么都看不见了，迷迷糊糊中，他也被邪恶的女巫一同带走了。

与此同时，邪恶的女巫变成美女，成功地把金山国国王迷

151

住了。贝莉丝玛看到后心中很不是滋味，甚至生出了几分妒意。好在，金山国国王看穿了女巫的真面目，决心逃出她的魔爪。他知道自己不仅要耐心等待时机，还要采取一定的计策。于是，他不断地恭维女巫，通过花言巧语骗取了她的信任。女巫放松警惕后留下他一人离开了，一条美人鱼趁机赶来帮助他成功逃脱。美人鱼告诉他，他还会遇到许多敌人，并送给他一把钻石宝剑用于搏斗，叮嘱他一定要剑不离手，才能所向披靡。

国王匆匆踏上了寻找贝莉丝玛的路。很快，他就遇见了4只可怕的狮身人面兽，他只能杀死它们。没多久，6条恶龙包围了他，那些龙的鳞片比钢铁还要坚硬，他也毫不犹豫地杀了它们。紧接着，24位森林仙女手捧花环挡住了他的去路，尽管她们看起来美丽又优雅，但他还是杀了她们。经过一路厮杀，他终于见到了贝莉丝玛。他开心地奔向她，而她却躲开了，因为她以为国王背叛了自己。为了表明真心，国王不顾一切地跪倒在她的脚边，就在那一刻，他手中的剑掉了下来。小矮人突然现身，抓起那把剑，刺向了国王的心脏。可怜的公主目睹自己的爱人死在眼前，也跟着心碎而死。

这则童话一开始就不存在父亲原则，因此，在我看来，这个故事呈现了一个父亲缺位或失职的女儿的生存状态。因为父亲缺位或失职，没有人为这个女儿树立权威和规则，没有人去纠正她的过错。这个女儿被宠坏了，没有责任感，不懂得付出。贝莉丝玛虽贵为公主、貌绝无双，却没有爱的能力。故事中，公主遇到黄色的小矮人时，是她第一次真正接触男性原则，而黄色小矮人却是一个负面的男性形象。他先后要挟王后和公主，想将公主占为己有。这对母女都曾在一棵橘子树下睡着，而黄色小矮人初次出现时是在吃那棵树上的橘子。如果我们把那棵树看作生命和成长的象征，那橘子就象征了生命的丰盈，而那黄色小矮人却霸占了一树的橘子，正在一点点吃掉它们。母亲和女儿都没有唤醒内在的自我意识，缺乏自制力和勇气，所以才会不小心睡着，弄丢了蛋糕。而且，她们都太过害怕狮子，宁可忍受小矮人的要挟，也不敢对抗狮子。可见她们内心缺乏的是正面的男性特质，即自我意识、自制力、勇气和决策力。她们未能在内心建立足够的男性原则，未能从匮乏的男性原则中滋生出力量，因此才会给热衷欺凌女性的变态小矮人留下可乘之机。不过，与小矮人的对抗带给这对母女的也不全是伤害，公主见识了世间的险恶后变得不再那么自恋和骄傲，她破天荒地做出了首个重大的人生选择，决定嫁给金山国国王，这个国王明显代表了潜在的积极的男性原则。然而，他却不够自信，遭到暴力袭击后一时反应过度，竟然失去了意识和战斗力。幸好，象征女性智慧的美人鱼助他逃脱并赠予他一把宝剑，他才得以重新再战。宝剑有切割的功能，因此可以理清局势，让人获得杀伐决断的力量。当然了，它还可以用于打斗。在藏传佛教中，剑象征着"金刚心"，一种发自内心的自信。而在基督教中，圣剑则是屠龙英雄圣乔治（St. George）[1]的标志性装备。就连亚瑟王（King Arthur）[2]也是因为成功拔出石中剑才登上王位，组建了开放、平等的圆桌骑士团。

起初，金山国国王手持宝剑一路所向披靡，接连除掉了狮身人面兽、恶龙和美丽的森林仙女。所有这些障碍都象征着内在女性力量分散所引发的风险。消极的狮身人面兽母亲开出了无法解决的难题，逼得人优柔寡断、举步维艰；恶龙使人陷入抑郁、失去活力；而年轻漂亮的仙女则善用纯真和美貌来引诱他人背离初衷。但最后，当金山国国王试图向公主证明自己的真心、安抚她受伤的心灵时，却忘了自己的任务还没完成。面对仙女的诱惑，他守住了底线；但面对公主，他却失了分寸。看到公主楚楚可怜的模样，想到公主误以为自己是个负心汉，

---

1 基督教的著名烈士、圣人，经常以屠龙英雄的形象出现在西方文学、雕塑、绘画等领域。——译者注

2 传说中古不列颠最富有传奇色彩的伟大国王，圆桌骑士的首领。——译者注

他魂不守舍地丢下了剑，扑倒在她脚边。而此举令他前功尽弃、功亏一篑。

我认为，这则童话故事清晰地呈现了"永恒少女"未充分发展的内在男性特质。黄色小矮人代表了一种扭曲的男性形象，代表了内在的自我怀疑、自怜、自恋、抑郁、自杀冲动和颓废等负面情绪和特质。金山国国王本有能力死里逃生，却因为不够成熟、太过脆弱和敏感，终究功亏一篑。这类"永恒少女"在成长道路上不够专注和投入，缺乏义无反顾的勇气、耐心和毅力。

正如这则童话故事给我们的启示一样，所有类型的"永恒少女"都要磨练内心的战士，牢牢叮嘱他们剑不离手。卡琳·博耶在她的诗歌《剑》（"A Sword"）中也发出了同样的呼声。

剑

轻盈柔韧

削铁如泥

舞剑捍法

盛气凌人

节奏硬朗

曾经

我也想成为一把剑

可我的灵魂实在可怜可悲

它如柳条一般任人弯折、摆弄

却只能忍气吞声、默默承受

我的灵魂啊

我恨你

你唯唯诺诺

却偏又痴心妄想

这是自寻死路啊

既然你与我真正的渴望亲如姐妹

不如干脆助我一臂之力

助我成为一把剑

一把杀伐决断的钢剑

在与"永恒少女"的接触中,我发现卡斯塔尼达(Carlos

Castaneda）[1]对"战士"的描述非常有参考价值。我认为，卡斯塔尼达的书描写了许多典型的幼稚态度，这些态度在我们的个人和文化层面皆有对应的例子。而在书中，我们可以从卡斯塔尼达本人身上看到这些态度。他拜亚奎族（Yaqui）印第安人唐望（Don Juan）为师后，唐望一直试图使他认识到他对生活不够投入，缺乏足够的勇气，遇事犹豫不决，无法敞开心扉享受生活。比如，卡斯塔尼达常以受害者自居，沉迷于过去，自怜自哀，喜欢美化自己（因此太把自己当回事），缺乏耐心，害怕承担责任，虚度时光；他怨天尤人、呆板无趣、自以为是、多愁善感、瞻前顾后。他就是与"永恒少女"对应的"永恒少年"，整日牢骚满腹、放纵不羁、无所事事。唐望向卡斯塔尼达坦言，他之所以会这样，就是因为不敢自己做主，想要逃避责任。但唐望认为，人不应该活在胆怯中，那是浪费生命的表现，而且胆怯的心态会顺着想象不断泛化，导致一个人畏手畏脚、陷入泥潭。他建议卡斯塔尼达停止抱怨，约束自己，走出受害者的角色，去做一名"战士"。唐望说，成为强者并不需要比做个可怜人花费更多的心血。真正的"战士"不会在软弱中浪费时间，相反，他们会踏踏实实地为自己的行为

---

1 秘鲁裔美国作家和人类学家，以"唐望"系列作品闻名于世，书中记载了他拜印第安人萨满巫师唐望为师的经历。——译者注

和生活负责,会审时度势、随机应变。真正的"战士"无所畏惧,他们目标明确、心思敏捷,会朝着目标不屈不挠地前进,因此他们能应对所有的威胁和恐惧。他们能坚守自我,又能适时放下自我,做出灵活的调整,以应对不同的挑战——这就是"战士之道"。因此,这些"战士"能接受现状,也能主动创新;能在充满矛盾的生活中生存,又能乐在其中;能坦然面对恐惧,也能由衷地欣赏美好。

"永恒少女"惯用楚楚可怜、小鸟依人的姿态掩盖潜在的敌意和攻击,但是,要直面问题就得像卡斯塔尼达笔下的"战士"一样单刀直入,在保持专注和敏感的同时,维护好自己的立场,敞开心扉接纳变化。时机到来时,就像蟑螂破壳那一瞬间一样,你会发现"变态老头"只是表象,"内在王子"的活力和智慧才是有待这些女性挖掘的新鲜力量。诗人里尔克曾提到过类似的模式,只不过是针对男性。也许,"永恒少女"应该铭记这番话:

> 我们怎能忘记那些始于所有民族发端期的古老神话,那些恶龙在紧急关头瞬间变成公主的神话?也许我们生活中遇到的所有恶龙其实都是公主。她们只是在等,等我们变得更出色、更勇敢的时候,再现出真身。也许一切恐怖

的表象下都藏着深深的无助，也许那些看似可怕的怪物也在渴望着我们的救助。

2. "亚马孙女战士"、"愤怒的男孩"和"小傻子"

对于身陷"亚马孙女战士"模式的女性来说，她们身上的盔甲有时会过于沉重。的确，她们要出人头地，要尽职尽责，要委曲求全，还要战天斗地，这担子着实很重。众人只看到了"亚马孙女战士"强势、光鲜的一面，其实，她们付出了很多，吃过许多苦，还经常压抑内心的冲动，逼着自己追求更有价值的目标。好强的她们不仅在工作和生活中追求尽善尽美，在道德上还极力避免留下任何瑕疵。她们的肩上似乎扛着整个世界，压力之大堪比擎天巨神阿特拉斯。难怪她们会感到腰酸背痛、身心俱疲，就连她们坚硬的盔甲也会在重压之下逐渐开裂。而当她们剥去盔甲和强势的人设时，她们内心深处敏感、叛逆和愤怒的男孩就会袒露无遗——他们之所以愤怒，是因为他们软弱无能、遭人冷落，被当作"小傻子"。我发现，这个"愤怒的男孩"经常在"全副武装的亚马孙女战士"的内心深处出现；也就是说，这些"女战士"明确选择了男性化身份认同。

开始接触心理分析后不久，我自己也梦到了这个"愤怒的男孩"。那时，我刚刚历经艰辛攻取了哲学博士学位，也已步入婚姻的殿堂，但我和丈夫都是工作狂，两人都过着"单身汉"的生活。我当时已经完全认可，女人并非天生比男人弱小，虽然偶尔也会冒出一些与此相反的念头和感受，但我会心生愧疚，迅速压抑住那些想法。毋庸置疑，那段时间我的状态很不好。梦里，一个12岁的红发男孩坐在我身后的草坡上，不停地朝我扔小石子，那些石子又硬又尖，一块接一块地落在我的后背和肩膀上。显然，他对我很不满，试图借此引起我的注意。他成功了。此后不久，我接受了心理分析，那一刻，我精心捍卫的职业女性人设崩塌了，那个"愤怒的男孩"将他的感受一股脑抛给了我。

"亚马孙女战士"自信、果断，成绩斐然，是这个世界上极为宝贵的存在。但是，我现在不打算讨论她们光鲜的那一面。我要讨论的是那些为对抗父亲失职而走上"亚马孙女战士"之路的女性，她们为此背负着巨大的压力，在奋斗和厮杀中耗尽了心力，曾经在这个角色中感受到的意义也荡然无存。找不到意义、疲惫不堪表明她们的生存模式已经过于呆板、无趣，需要引起重视了。乐趣为什么消失了？为什么没有玩乐的心情了？那种自然、松弛的感觉到底去哪儿了？在这些女性身上，我们看不到一丝顽皮的表现，但据我判断，她们只是将这一面藏在了愤怒和叛逆的内在男孩身上。如果女性对这一种男性气概的感受充斥着失望、不安、担忧或羞耻，那么她们选择把这种男性气概藏起来，也就不足为奇了。我们都知道"倒洗澡水时不能连婴儿一起倒了"[1]这句俗语，但在现实生活中，人们将婴儿和洗澡水一起倒掉的案例实在是数不胜数。所以，人们常常会把年轻人的朝气和热情连同他们危险的举动和出格的言行一起否定掉。和"永恒少女"一样，"亚马孙女战士"落入这样的处境也是因为父亲原则发展不足或扭曲变形。但不同的是，"亚马孙女战士"并没有将自己置于被动的地位，没有疯狂地在别的男人身上寻找缺失的父爱，而是试着在自己的精神内核中发展出父亲所缺失的那些男性特质。她们试图成为自己的父亲，自我认同也相应地趋于男性化。所有女性在成长过程中都必然要经历接纳和整合父亲原则的过程，而"亚马孙女战士"选择认同了一些特定的男性特质，如冷静、严肃、强势、强大、果断、能干、本分、负责等。她们通常会忽视和低估男孩特有的一些宝贵特质，如有趣、随性、松弛、天马行空、开朗、乐天等。这也难怪她们内在的男孩会生气、发怒。

---

[1] 指切勿不分精华与糟粕，全盘否定。——译者注

"愤怒的男孩"干扰"亚马孙女战士"生活的方式之一就是刻意诱导其扰乱公共秩序。比如，有些女士追求事事正确，不容许自己犯错，那么，在她们开车的时候，"愤怒的男孩"就会诱导她们在单行道上逆行，而警察恰好就在后面等着开罚单。另一种方式则是折磨她们的身体。当这些女士过度工作时，她们的身体就会出现各种症状以示反抗，如溃疡、结肠炎、头痛、颈背僵硬等。此外，"愤怒的男孩"还会使一些女性陷入抑郁，导致她们无法继续工作。有些女性在犯错之后会做出一些荒谬的举动，那也是这些"愤怒的男孩"在背后作怪。有时候，"愤怒的男孩"也会明目张胆地发起攻击。

有一次，在围绕这个话题创作时，我连续工作了好几个小时，之后，我就开着车出门了。我在街上慢悠悠地行驶着，忽然，在街对面玩耍的两个少年不小心将一只机械玩具小车推到了我的车底。事发突然，我根本来不及刹车，我的车直接从他们的玩具车上碾压了过去，他们气得火冒三丈。我也很愤怒，觉得他们的这种行为很不负责任，但我并没有停下来去和他们理论，也不想听他们解释什么。我的目的地是海滩，所以我径直开走了，到了海滩才找了个地方把车停下来。等我再次回到车边时，我发现挡风玻璃和车身上到处都是鸡蛋液。毫无疑问，这一定是那两个愤怒的男孩干的。那一刻，我感觉自己被羞辱了，愤怒和无助的情绪瞬间涌上了心头。通常，女性在被"愤怒的男孩"攻击后会觉得眼前的一切难以置信，同时也会生出脆弱、无助的感觉。确实，从表面上看，我就是被这两个愤怒的男孩用几颗鸡蛋惹恼的。但经过深思熟虑后，我意识到，在这个事件中，我不仅碾压了一只玩具，那只玩具似乎象征着我被压抑的青春活力；我还害怕遭到公共权威人士——警察的质疑。因为事发时，我的脑子里曾掠过一丝担心，还真的思考了一下碾压玩具车算不算触犯交通法规，会不会因此收到罚单。看来，我真的被这两个愤怒的男孩愚弄了。但经过这件事，我也加深了对自己的了解。

我发现，叛逆男孩的蜕变经历通常都与一些"愚者"或"小傻子"的意象密切相关。许多童话故事中都有这样的角色。那些故事通常会把哥哥塑造成英俊、强大、能干的人物，把最小的弟弟描写成愚蠢、笨拙、无能的"小傻子"。然而，最终能干成大事的却是那些"小傻子"，而不是看似强大的哥哥们。

这里，我要简单讲讲关于"小傻子"的故事。首先，我要讲讲"小傻子"是怎么帮助我的。写"亚马孙女战士"时，我搅扰到了自己内心的"亚马孙女战士"，而她的内里住着一个叛逆的男孩。在那个叛逆男孩的怂恿下，我招惹了一系列的麻烦，也出尽了洋相。那段时间，我的梦中出现了一个神经兮兮的少年。他一直试图闯入我家，我没问缘由，直接朝他扔了些肉豆蔻皮，但有些肉豆蔻皮也落入了我自己的眼睛。其实，我当时已经意识到那个"愤怒的男孩"是冲着我内在的"亚马孙女战士"来的，但我还是报名参加了一场远足旅行。那场远足旅行的距离长达20英里，非常消耗体力。为了保证准时到达出发地点，我早上6点就艰难地从床上爬了起来，留了充足的时间赶路。路上，我内在的"亚马孙女战士"和那个"愤怒的男孩"发生了激烈的冲突。但是，因为我早有防备，我还是早早就到达了出发地点。领队将停车位置告诉了我，还给我讲解了如何返回出发地点。然而，我还是迷路了，当我费尽周折返回出发地点时，旅行团已经走远了。我怒了！为了这趟远足，我不是下了很大的功夫吗？我起得那么早，做了那么多准备，结果却是这样？不过，我并没有放弃，我决定独自一人完成那趟远足。我突然意识到，20英里的远足旅行对当时的我来说着实像一个"亚马孙女战士"式的任务。我本就不擅长领会和跟随详细的指挥，那个叛逆的男孩毫不费力地抓住了我的短板，趁机将他那"小傻子"的一面通过我释放了出来。最后，我坦然接受了这一事实。那天阳光灿烂，我干脆坐在小溪边继续写我的书，也有幸经历了文思泉涌的体验，那种感觉前所未有。

因此，虽然那天那个叛逆的"小傻子"给兴致勃勃、自信满满的我泼了一盆冷水，但他也帮我进入了之前未曾达到过的创作状态。

在我看来，"亚马孙女战士"因为父亲缺位或失职，常会拒绝承认这个"小傻子"的存在，因为她们根本无法接受男人软弱无能的一面。也因此，她们会刻意凸显自己身上强大、英勇的一面。但是，这样一来，她们就扼杀了自己身上乐观、松弛的特质。比如，她们无法淡定、随性地看待一切，无法平和地面对不确定的局面，不允许自己犯错误。但其实，犯一些世俗意义上的错误虽然看似蠢笨，却往往能使人进入意想不到的境界，获得前所未有的感悟和体验。尽管在日常生活中，这些"小傻子"形象经常遭到（"亚马孙女战士"所卖力迎合的）世人的奚落，但在电影中，这样的人物却备受追捧。想想查理·卓别林（Charlie Chaplin）、巴斯特·基顿（Buster Keaton）[1]或彼得·塞勒斯（Peter Sellers）[2]，你就会发现此言非虚。他们不仅讨喜，甚至还是"英雄"——虽然并非普遍意

---

[1] 美国默片时代演员及导演，以"冷面笑匠"著称，曾获第32届奥斯卡金像奖终身成就奖。——编者注

[2] 英国著名喜剧演员，代表作品《奇爱博士》、"粉红豹"系列等。——编者注

义上的。就像塔罗牌中的"愚者"一样,这些"小傻子"不以追求世俗意义上的功成名就为导向,能够包容任何新鲜事物,他们在鼓励人们追求个性化发展方面起到了至关重要的作用。每次看似走投无路时,这些"小傻子"总会误打误撞地摸索到新的出口,因为他们的眼中没有那么多条条框框,他们的心态是开放的!

只需稍微留意一下童话故事中出现的那些"小傻子"形象,我们就会发现,他们身上存在一些共性。比如,很多时候,当那些"小傻子"知道自己无法完成某项艰巨的任务时,他们就不会再去"逞强",而是干脆坐下来哭泣。他们能够承认自己的脆弱和不足,也不会为此感到丢脸。他们基本上都相信天无绝人之路,能够在困境中从容自若地等待转机。他们都心地善良,愿意和他人分享自己的一切。因为他们总是善待动物,愿意倾尽所有帮助它们、照顾它们,所以就连动物也会把他们当作朋友,愿意反过来帮助他们。这些"小傻子"一般都在家中排行最末,平时总是被哥哥们打压,但是他们通常都不为自己辩护,因为他们懂得如何静观其变。或许,他们最核心的特质就是强大的包容心。他们不需要费尽心机去掌控一切。正如羽毛被抛到空中后会顺着自然的气流飘动,他们的人生就像在追随那些飘动的羽毛,自由自在、随遇而安。他们始终敞开心扉，顺应自然的节奏，接受事物的自然变化。他们能够安心等待，而不是去强求自己想要的结果，这样，他们自然就可以接纳进入其视野的未知事物和新鲜事物。他们不怕在众目睽睽之下出丑，所以能够心无旁骛、信心满满地行事，也能坦然接受未知的一切。

格林童话《金鹅》（"The Golden Goose"）中就有这样一个"小傻子"。他是三兄弟中最小的一个，"常被人轻视和嘲笑"，就连家人也直呼他为"小傻瓜""笨蛋"。他的两个哥哥都非常聪明，也非常精明，内心都有自己的小算盘。两人按父母吩咐先后去森林里砍柴。怕他们在路上饥饿或口渴，妈妈让他们带了甜饼和葡萄酒。两个大儿子都小心翼翼地护着自己的点心和酒水。路上，一个头发花白的小老头想向他们讨要一些，他们都一口拒绝了。结果，一个哥哥在砍树时不小心用斧头砍伤了胳膊，另一个则砍伤了腿，相继被抬回了家。于是，"小傻瓜"就问爸爸自己能不能去砍柴，爸爸直言他太笨了，没有同意。不过，后来爸爸还是同意了——让"小傻瓜"吃点苦头，或许他能变聪明一点。妈妈没有给"小傻瓜"准备甜饼和葡萄酒，而是给了他一块黑黑的面饼和一些快馊了的啤酒。"小傻瓜"到了森林里后也遇到了那个讨食的小老头。"小傻瓜"答应分享给他一些，但同时坦言自己的食物不太可口。

神奇的是,当他们准备享用时,那些食物瞬间变成了甜饼和葡萄酒。因为"小傻瓜"乐善好施,老人承诺会报答他,让他好运连连。后来,"小傻瓜"将一棵树砍倒后,在树根处发现了一只鹅,那只鹅所有的羽毛都是纯金的。他抱着金鹅走在路上,吸引了一群人,每个人都想拔一根金羽毛,但他们都没能拔下羽毛,反倒把手粘在了鹅身上。"小傻瓜"只能无视这些人,抱着他的鹅继续前行。很快,被金鹅粘住的人就有一支队伍那么长了,他们无法脱身,只能跟在"小傻瓜"后面一路小跑。不久,"小傻瓜"来到了一个王国。这个国家的公主总是耷拉着脸,没人能逗笑她。国王一筹莫展、忧心如焚。他下令,若有人能把公主逗笑,他就把公主嫁给那个人,并把王位也传给他。一听到这个消息,"小傻瓜"就立即带着他的鹅和被鹅粘住的那帮人去见了公主。公主一看到他们,就笑啊笑啊,笑得停不下来。于是,"小傻瓜"就去向国王提亲。国王看不上他,不想让他做自己的女婿,于是给他布置了几项不可能完成的任务,要他找到一个能喝完一酒窖酒的人,一个能吃完堆积如山的面包的人,还要弄出一艘水陆两用的船。每接到一项任务,"小傻瓜"都会直奔森林去找那个他帮助过的小老头,小老头每次都会帮助他顺利完成任务。三个任务都完成后,国王意识到"小傻瓜"不容小觑,不能再继续阻止他娶自己的女儿了。于是,"小傻瓜"成功娶到了被他逗笑的公主,后来还当上了国王。

在这则童话故事中,公主刚开始整日面若冰霜,从未露出过一丝笑容。在我看来,她就是一个典型的被"亚马孙盔甲"所束缚的女儿。国王看不起"小傻瓜",即使"小傻瓜"成功逗笑了公主,国王仍然认为他配不上自己的女儿。而在"小傻瓜"的家中,父母只对看似精明的哥哥委以重任,只给两个哥哥准备甜饼和葡萄酒。这点似乎揭示了,只有那些功利、自私的男性,才会得到父母的尊重。但这个故事也表明了,虽然两个哥哥精明、功利、目标明确,但正是因为他们过于在意得失,他们才先后受伤,反而无法完成砍柴的任务。同理,那些总是试图掌控一切的"全副武装的亚马孙女战士"很可能会发现自己找不到森林的入口(森林象征着无意识层面或内在的未知领域),无法带回点燃自己创造力和激情的燃料。最终,偏偏是那个平时受尽鄙视的、懵懂稚嫩的、大家口中的"愚蠢的小傻瓜"才能够进入森林并带回宝藏。他之所以能够成功,是因为他心胸豁达,不算计、不功利,没有很强的占有欲和得失心。然而,却是他在森林里误打误撞地获得了小老头的帮助,发现了藏在树下的宝藏。他在树下发现了一只长着金羽毛的鹅,所有人见了都为之着迷。平日里,大家都把鹅看作一种愚笨的动物，这个故事却刻画了一只贵重的金鹅，似乎在告诉人们，看似愚蠢的事物或行为可能隐藏着意想不到的价值或意义。但是，这些如黄金一般珍贵的东西并不能通过强取来获得，所有试图强占金羽毛的人都被粘在了鹅身上。这个画面多么震撼啊，它生动地诠释了人们想去抓住某样东西并将其占为己有，却被"生生卡住"的模样！到头来，真正沦为笑柄的竟是那些费尽心机刻意算计的"聪明人"，而不是那些胸无城府的"小傻瓜"。事情发展到这一步，"小傻瓜"已经占了上风，哪怕众人都粘在他的鹅身上，他还是心无旁骛地继续前行。从这里，我们可以看出，虽然他看起来傻乎乎的，但他也是会耍些小花招的。他明明知道那帮人被粘住了，却不闻不问，继续赶自己的路。他并未向那些人伸出援手，这点足以证明他并不是没有阴暗面。而且，有时候，要打破僵局，就必须以阴暗面示人。正是在那一刻，我看到了"小傻瓜"内在的"愤怒男孩"。也正是他的这副模样，把一个严肃、呆板、拘谨的女性成功逗笑，让她重新找回了自己的活力。被"亚马孙盔甲"束缚的女性大都不苟言笑，但是，如果她们能放开自己，试着欣赏那些看似愚蠢的人或事物，识别出那些困住她们的占有欲和掌控欲的可笑之处，那么她们的"亚马孙盔甲"自然就会崩裂，而她们就有可能与"小傻子"们建立亲密关系，步入婚姻的殿堂。

在这个故事中,"小傻瓜"成功逗笑公主后,国王仍然无法接受他,为了不让他做自己的女婿,又设置了更多看似不可能完成的任务来为难他。从这里,我们就可以看出,正是父亲在女儿成长中留下的负面影响才导致女儿穿上了厚厚的"亚马孙盔甲"。因为每一项任务都要求突破极限和/或打破常规,所以都难如登天,例如喝下一酒窖的酒、吃下堆积如山的面包等。而试图掌控一切的女性永远不会允许自己做出出格的事情。这样看来,以国王为代表的父权原则其实也推动了这类女性的蜕变进程。国王虽然看不起"小傻瓜",却要求他完成那些高难度的任务,而这些任务恰恰似在讽刺"亚马孙女战士"过往勇猛无敌的身份认同,迫使她们突破束缚,释放出松弛、自然、嬉戏玩乐、朝气蓬勃的一面。"小傻瓜"之所以能够完成这些任务,是因为他得到了森林里那位老人的帮助。对"亚马孙女战士"来说,这位老人则是存在于无意识层面的智者。因此,在这个故事中,我们看到了老人和小男孩在心理层面的互融。原来,他们也可以有意识地携手并进,共克难关。这和我们之前提到的那些愤怒和叛逆的内在男孩完全不同。那种情况是因为那些女性的自我结构过于僵化,其内在被压抑的男孩化一面突然以愤怒和叛逆的形式爆发了出来。老人和"小傻瓜"的合作意味着新的主导结构可以取代旧的结构——"小傻瓜"也可以登上王位，成为新的国王。

下面这个案例详细展现了"亚马孙女战士""愤怒的男孩"和"小傻子"之间错综复杂的关联。该案例中的女士来自瑞士，年龄不大，多年前曾在我这里接受过心理分析。她的父亲患了呼吸系统疾病，身体虚弱，但仍凭男尊女卑的观念掌管着整个家庭。男权主义者用"Kirche，Kinder，Kuche"（意为：教堂、孩子、厨房）的口号来禁锢女性，认为女人只能围着家庭转。在这种社会和文化背景下，这位年轻的女士饱尝歧视和冷落。她感觉自己被"女性角色"困住了，她看不到自己的价值，也找不到任何发展的空间。她的母亲对她的父亲言听计从，是一个标准的贤妻。她全盘接纳了父权社会的女性观，毕竟那也是整个瑞士文化所推崇的。在当时的瑞士，妇女甚至没有投票权！十几岁的时候，父亲安排她辍学去学做家庭主妇，她只能顺从。被迫中止学业后，她拼命地工作，却宿命般地交往了大学里的几个男生。在那几段关系中，她都承诺了向对方提供经济支持。其实，她打心里厌恶这种做法，同时也非常排斥自己作为女性被迫扮演的角色。她认为那些角色毫无价值，所以也无法接受自己身上的女性特质。她的状态漂浮不定，一会儿像殉道者和斗士式的"亚马孙女战士"，一会儿又像边缘另类和脱缰之马式的"永恒少女"。但是，不管怎样，她始终都在资助那些男朋友，完全没有专注于自我提升。当时，她每资助一个男生一段时间，就会突然发现那个男生和别的女孩好上了，而且第三者通常都是女大学生。三番五次陷入同样的困局后，她过来找我寻求心理分析。

在外人眼里，她聪明能干、雷厉风行、活泼开朗、尽职尽责，但实际上，她怨气满腹，内心脆弱得不堪一击。早在青春期，她就已显现出"愤怒男孩"的一面。当时，她从自家的花园里偷摘了一些水果，一向严苛、专横的父亲狠狠地责罚了她。申诉无门的她把满腔的怒火撒到了瑞士政府和警察身上。那段时间，她频频参加示威活动，有一次还遭遇了激烈的催泪瓦斯袭击。那种绝望和屈辱的感受在她心里留下了巨大的阴影。然而，她大部分时候却是在攻击自己，自卑到根本无力发展自己的潜能。她只能麻木地沉浸在既往的模式中，继续像个殉道者一样任劳任怨地资助她的男朋友们，而那些男生则只顾着提升自我。她暗自怨恨他们，看不起他们，却日复一日地重复着那种生活，极力压抑自己真正的需求。接受心理分析后，她终于开口吐露出了这些压抑许久的愤怒，也开始培养艺术爱好，提升艺术才能。

这位年轻女子以身为女性为耻，但她用"亚马孙盔甲"掩盖了这种感受，同时隔离了自我的真实需求。她嘴上喊着男女平等，私下却自轻自贱。她无法正视经期身体和情绪的变化，强迫自己在经期克服身体的不适，加倍努力地工作。但讽刺的是，她那么拼命地工作却只是为了服务男朋友，并非为了提升自我。

后来，她接连梦到"小傻子"愚弄"全副武装的亚马孙女战士"的情节。她梦见穿过苏黎世中央大桥时，突然发现自己嘴里竟含着一根丹碧丝卫生棉条。太尴尬了！她赶紧把它抽出来，直接越过肩头朝后一扔，丢进了右侧的河里。刚扔进去，岸边就传来一阵狂笑，她扭头一看，岸边站了一排人，大都是女大学生。她们边笑边指着她议论纷纷，还时不时指指河里的东西。她也朝河里望了一眼，发现那根卫生棉条已经胀得巨大无比。她羞得无地自容，急着逃离的时候突然惊醒，醒之前，那帮人还在嘲笑她。

她所有的问题都集中体现在了这个梦里。通过这个梦境，我们可以发现，她对女性的看法与她真实的生理和情感需求并不相容。她没有将卫生棉条放在阴道里，而是错误地放在了嘴里，表明她没有正确地看待女性本能的需求。她把卫生棉条抛到身后，说明她压抑了自己作为女性的正常需求，根本不想面对那些需求。但是，她的这种做法遭到了女大学生的嘲笑，偏偏她在现实生活中最羡慕的就是女大学生，自己也很想成为大学生。棉条胀得巨大无比，则表明她否认自己的需求只会让自己面临的问题越来越严重。在她看来，女性天生就应该像男性一样，在情感上完全独立，但实际上，她却非常依赖身边的男人，总是尽力满足他们的需求，而不是自己的需求。她指责父母对女性角色的认知，在理论上选择了正确的立场，但在现实生活中，她却偏偏活成了父母口中的理想女性，只顾着支持男朋友，自己则未能进取。当时，瑞士社会对女性的态度本就不公，她心生怨怼，也是合理的。但是，由于她错误地把这种怨意发泄在了示威和暴动中，所以当然未起到任何效果。而在梦中，她做了一回"小傻子"，彻底看清了这一切。此后不久，她又做了一系列怀孕生子的梦。透过那些梦境，她看清了自己内心深处想要孩子的渴望。之前，鉴于自己对女性需求的偏见，她根本没有勇气去正视和满足自己的这种欲望。后来，她打破了自己在亲密关系中一贯采取的殉道者模式，嫁给了一个对她的需求十分敏感的男人，生了一个孩子，继续在艺术探索的道路上行进。

"小傻子"出现后，这位原本被"亚马孙盔甲"束缚的女性变得豁达而随性。她开始在平凡的日子中感受到幸福，自然而然地融入了生活的洪流。此处，一茶（Issa）[1]的这首俳句[2]或许最能贴合她的心境：

春天又来了……

我又回到了童年

天真又懵懂[3]

3. 温暖、有爱的男性

当女性能够识别出内在的"变态老头"和"愤怒男孩"并坦然面对他们，当她们能够接受自己兼具"战士"和"小傻子"的特质，她们的梦境里和想象中往往就会冒出一个新的男性形象。起先，她们一般会梦到陌生男子破门而入。写到这些男性形象时，我曾连续三次梦见年轻男人闯入我家。他们的出现都将我引向了大自然。第一个男人带了一只猫和一条狗。第

---

1 小林一茶，日本江户时期著名俳句诗人。——译者注

2 日本的一种古典短诗，由中国汉诗的绝句发展而来。——译者注

3 原文此处引用的版本是1970年的英译版（Peter Beilensen, trans, *Lotus Blossoms*）：Spring unfolds anew… / Now in my second childhood / Folly, Folly, too。日文版应为"春立や 愚の上に又 愚にかへる"这一则，中文直译则为：一年又春天 / 啊，愚上 / 又加愚。——编者注

二个男人带我去了清澈的山湖里沐浴。第三个男人把我的一个房间装饰得焕然一新，还在地板上铺上了他旅行时买回的彩色手工地毯，地毯上生动的花鸟图案把整个空间装点得生机盎然。梦境中的这些男人温暖、体贴，因为他们，我的内心又燃起了对生活的激情。他们喜欢我女性化的一面，还经常送我礼物表达爱意。如此，我的内在出现了能欣赏我女性特质的男性形象。我终于不用再扮作天真、可爱的乖乖女，也无需拼命去成为无所不能的神奇女侠。男性在我眼里也不再只有父亲和儿子这两个身份。他们还可以是温暖、有爱的独立存在。

"温暖、有爱的男性"是一种积极的男性形象，那些拥有健康父女关系的女性通常会在内心感受到这种形象的存在。我的脑海中有许多关于他的设想，我想在此分享一下。首先，他温暖、有爱、强大。他不惧怕愤怒的情绪，不惧怕亲密关系，也不惧怕爱人与被爱。他能透过表象和伪装，看到我的内在。他始终陪在我身边，不急不躁。他敢于主动争取自己想要的东西，遇到问题敢于面对，之后又能迅速调整好心态继续前行。他踏实、稳重，不轻易被外界干扰；而他的沉稳源自随遇而安和活在当下的心态。他既能畅快地玩乐，又能专注地工作，无论是工作还是玩乐，他都乐在其中。无论在哪儿，他都能由内而外地保持悠然自适的状态。他是一个朴实又性感的男人。他气宇轩昂、才华横溢。他热爱大自然，飞禽走兽、花草树木、江河湖海都让他着迷。他喜欢孩童，也珍视自己内在的小孩。四季的轮回在他眼里犹如美不胜收的画卷。发现春日枝头早早盛开的花儿，他欣喜万分；目睹夏日逐渐丰盈成熟，他怡然自若、恋恋不舍；沉浸在秋日的绚烂色彩中，他变得愈加深沉；漫步在冬日的静谧白雪中，他的灵魂得到了升华，他满怀期待地张开双臂，准备再次拥抱温暖的春天。他热爱艺术、文字、音乐等美好的事物。或许，他甚至还能歌会唱，演奏起巴松管或小提琴来也游刃有余。他和着生活的节奏翩翩起舞，是女人真正的灵魂伴侣、内在朋友和甜蜜爱人，能陪伴她们走过人生的漫漫旅途，风雨同舟，不离不弃。

第二部分 伤害

爸爸,

我有一张你的照片,

照片中,

你站在黑板前,

下巴上有道裂痕,

脚上并没有,

但你依然是个魔鬼。[1]

有个邪恶的黑衣男人,

把我漂亮的红心咬成了两半,

你和他并无差别。

我十岁时他们埋葬了你。

我二十岁时曾尝试自杀,

好回到,回到,回到你身旁,

哪怕是以骸骨的形式也行。

但他们把我拽出麻袋,

又用胶水把我拼粘好。

那一刻,

我忽然有了主意,

---

1 西方传说中,魔鬼的表现形式通常为山羊等偶蹄目动物,故有此处"裂足"之说。——译者注

我照着你的模样,

做了一个黑衣男人,

他酷爱刑架与拇指夹,

神情似《我的奋斗》(*Mein Kampf*)[1]里那位人物,

就这样,爸爸,我终于能和你对话了。

我激动地说,我要……我要,

但是黑色电话断线了,

从端口彻底被切断,

声音怎么也传不出去了。

我若杀死一个男人,

就等于要了两个人的命,

那吸血鬼说自己就是你

他吸我的血也有些年头了,

如果你真想知道,

我可以告诉你,

已经有七年之久。

爸爸,你现在可以安息了。

你肥硕的黑心上还插着刑柱,

---

1 纳粹德国元首阿道夫·希特勒的自传。——译者注

村民们从未喜欢过你。

他们很清楚那就是你

却依然把你踩在脚下跳舞。

爸爸,爸爸,

你这个混蛋,

我受够了。

——节选自西尔维娅·普拉斯的诗《爸爸》

第六章　愤怒

> 告诉世上的正人君子，
>
> 若想见到一个人的真容，
>
> 就必须先收割他投过来的积怨，
>
> 再犁平他愤怒的沟壑。
>
> ——塞西尔·伯德克尔（Cecil Bødker）[1]

在父女关系中受伤的女性内心大都积压着如火般炙热的情绪，这些情绪会时不时地冒出来叮咬她们，刺痛她们的神经。经由愤怒，她们可以释放一些情绪，获得片刻的解脱。面对伤害，有些女性会选择掩藏伤口，压抑内心随之升起的怒火。但是，这样一来，愤怒的矛头就会转而指向自己，她们可能会因此出现躯体症状，陷入抑郁，产生自杀的念头，失去生命的活力和创造力。另一些女性则会任由怒火喷发，甚至伤及无辜。总之，无论怒火朝哪个方向蔓延，它都会漫无目的、毫无

---

[1] 丹麦儿童文学作家，1976年国际安徒生奖获得者。——译者注

章法、咄咄逼人。不过，愤怒本身也包裹着巨大的能量，如果利用得当，可以激发出女性特有的潜力。对于在父女关系中受伤的女性来说，愤怒也是她们救赎父亲、实现个人成长的核心力量。

许多女性都绕不开内在愤怒的威力，下面的梦境夸张地呈现了愤怒的力量，展现了女性内在互斥的男性特质。

我和一个男性朋友打算去骑马。我们四处寻找，终于在一个陌生的马厩附近找到了我们各自的马。我那匹红色的母马已备好鞍鞯和缰头，但没有被拴起来，也无人照料。我走到她跟前，她立即跑开了。但她自己踩到了缰绳，头被马嚼子勒住了。她惊慌失措、勃然大怒，蹬直后腿站立了起来，像半人半马的怪异巨人，一副即将发疯的模样。果然，她忽然随手抓住旁边的一个女孩，像挤香肠一样把她的肉体从皮肤里挤了出来。那个女孩就这样死了。接着，她朝我飞奔而来，气势汹汹、怒不可遏。我向那个朋友求助，但他瑟瑟发抖，束手无策，呕吐不止。我转而向马夫求救，但他压根不理睬我。眼看那匹疯马离我越来越近，马上就要扑到我身上，我猛然惊醒。

这匹红色疯马以巨型半人半兽的模样将愤怒的威力表现得淋漓尽致。梦境中出现的两位男性——冷漠的马夫和脆弱无助的朋友也清晰地展现了两种失当的反应模式。梦里没有男人出手相救。除了那两个男人和做梦者之外，就只有一个可怜兮兮的年轻女孩。那个女孩没有真正的自我中心，如一具空壳，所以才会任马将其肉体从皮肤里挤出来，就像一个没有真正内在力量的女人一旦被揭穿，便可能会彻底崩溃。做梦者只能独自对抗红色疯马的攻击。对那个做梦者来说，这匹红色疯马的表现像极了她的父亲失控后情绪激动和盛怒的模样，也象征了她自己情绪激动和愤怒的一面。那个马夫代表了她父亲冷漠无情的一面，而那个束手无策的朋友则代表了她父亲懦弱、无助的一面。她自己身上也有这两种特质，而当心中的怒火燃起时，这些特质根本帮不到任何忙。梦中那个冷漠的马夫像一个苛求完美的内在法官，表面上松开了缰绳，其实还是掌控住了一切。对做梦者来说，过去用来应对生活挑战的方式或自我保护机制已经不再有效了。梦中那个朋友脆弱、敏感，不够强大，未能伸出援手，这点也像极了做梦者自己稚嫩的一面。所以，我们可以看到，做梦者的能量其实很强大，只是没有得到恰当的引导，因此才会陷入脱缰的疯魔状态。因为她经常看到父亲大发雷霆、情绪失控，无法正常生活，所以她非常排斥自己身上与父亲相似的一面。她害怕自己会精神崩溃，担心自己有一天会发疯，还因此患上了严重的焦虑症。小时候，她目睹了父亲失控的样子，没有条件保护自己免受影响，所以她在心里筑起了一道周密的防御系统，竭力避免陷入情绪波动或怒火翻涌的泥潭。长此以往，她变成了一个弱不禁风、仰人鼻息的空心女孩，敏感到无法承受任何压力，轻轻一挤似乎就要皮肉分离。那个残忍、冷漠的马夫松开疯马的缰绳后，这个空心的女孩注定会遭殃。这股狂暴的怒火需要经由某种新的方式宣泄出来。做梦者必须自觉地直面这股怒火，接纳自己狂热、暴躁的情绪，勇于为自己的情绪负责，并学会管理和引导这些情绪。

狂怒的红色疯马象征着不受控制、胡乱宣泄的能量。做梦者非常害怕这种能量失控的感觉。许多女性都惧怕这种狂怒的局面。如果一位父亲被愤怒所吞噬，那么他未消化的愤怒必然会淹没他的女儿。女儿可能会目睹父亲在一阵阵的愤怒中完全失控，直接被他的样子吓坏。可能父亲也会压抑自己的愤怒，或以温和隐忍的方式，或以严苛的控制姿态。但是，这两种表现都不是处理愤怒的正确方式。无论是压抑愤怒还是肆意发泄愤怒，都难以真正发挥那股怒火的全部力量。女儿的秩序感、稳定的内核以及对世界的信任通常都是父亲帮助建立起来的，一旦父亲被愤怒吞噬，女儿内在的秩序感、稳定的内核以及对世界的信任就会被打破，父亲也就背离了父亲原型。这些女性通常无法拥有和谐的性关系，潜意识的创造力也会被挫伤。她们不会期待与"他者"或"未知"产生碰撞，她们会对"他者"或"未知"心生恐惧。在她们眼里，所有由性和神秘的未知所释放的创造性能量都是不可靠的，她们无法接受那些能量。此外，如果一个女性认为父亲的愤怒是病态的，那么她通常也会怀疑自己的愤怒是病态的。为了避免与这种强大的、病态的力量交锋，她会经常选择掩饰自己的愤怒。

掩饰愤怒的方式有很多种。一种方式是通过成瘾的行为。比如，人在醉酒后可能会流露出愤怒的情绪，但采用这种方式的人没有清醒地面对愤怒，也没有以负责任的态度接纳它的存在。暴饮暴食也是发泄怒气的方式。愤怒往往潜藏在身体内。许多女性患有疑病症，经常感到虚弱无力、身体不适，但这些症状实际上是在掩盖她们内心积压的情绪。只要她们接受愤怒的存在，她们的头痛、背痛、溃疡、结肠炎和胃病通常都会消失。抑郁症看似吞噬了人的活力，其实也是掩盖愤怒的一种方式。焦虑发作时，人通常都会无助地颤动，真正的愤怒情绪反而被掩盖了。自杀倾向掩盖了对自己的极端愤怒，而情感勒索则掩盖了对他人的愤怒。许多女性通过性诱惑和/或性拒绝来掩盖她们的愤怒。有些人会故意激怒别人，让别人代替自己发泄愤怒。许多女人都抱着"榨干男人的一切"的想法，这种尖酸、狭隘的态度其实就是一种愤怒，她们其实是在以这种方式报复那些将她们推入被动局面的男人。而要"榨干男人的一切"，她们自己就得陷入疯狂的购物和消费中，浪费精力和时间。内疚感过重也是在掩盖愤怒，因为深怀内疚就像在不停地殴打自己。还有一种常见的掩盖愤怒的方式是不着痕迹地耍个小聪明，比如通过"无所不知"的人设来震慑别人，或者不痛不痒地攻击别人几句，让别人感到无能为力和无从应对。殉道主义、苦行主义、清教徒式的工作状态，以及对自己的责任感感到自豪，都是掩饰内心愤怒的方式。此外，有些人看起来厚颜无耻、自以为是，表面上对别人说着"我就是这样"，实际上却非常害怕暴露自己的弱点。

"永恒少女"往往担心坚持己见会惹来别人的暴怒，所以，她们总是委曲求全，拼命地讨好他人，即使内心怒火翻涌，脸上也会表现得和颜悦色，但是她们的愤怒还是会通过上述几种形式表现出来。最终，她们都会觉得背离了真正的自我。她们将大部分的精力用于迎合他人的需求，自己活得像个空壳，失去了内心的稳定和平衡，因此常常会感到虚弱、无助。"全副武装的亚马孙女战士"常会把愤怒压在看似结实的"亚马孙盔甲"之下，在自己和他人之间筑起厚厚的屏障。但是，因为盔甲坚不可摧，愤怒的正面力量也无从施展。在这两种情况下，要想将愤怒转化为积极的能量，都需要先识别和释放这些愤怒的情绪。

通常，当一个人因为与父亲关系不睦而在内心积压了大量怒意时，她在与恋人相处中也会觉察到相似的怒意。处理愤怒的情绪并非易事，下面的例子生动地诠释了这一点。去年情人节，有三位来访的女士都未从恋人那里得到足够的重视，三人感觉又委屈又愤怒。其中一位女士喝醉了，趁着酒意把她的恋人数落了一番；一位女士压抑住了心中的怒火，却郁郁不乐、心灰意冷；第三位女士则陷入了歇斯底里的情绪黑洞。但是，这些表达愤怒的方式都没有收到什么效果。这三位女士都未能触动她们的爱人。三人都无法主动地、有效地表达自己的愤怒，因为她们的内心藏着未解的旧怨，一直没有遇到真正的榜样给她们示范如何应对这些情绪。正是因为那些源自童年的愤怒还未消融，所以她们无法处理当下对爱人的愤怒。如果这些女士没有有意识地去消化这些旧怨，那么她们就会无意识地攻击伴侣，毫不留情地批评对方，破坏所有的温情时刻，摧毁所有维系爱情的机会。

愤怒的背后常常是泪水。这三位女性的经历也印证了这一点。愤怒之下还藏着脆弱的灵魂。当她们能够理解和处理自己的愤怒后，可能会发现自己内心的柔软面。通过这种自我反思和情感的释放，她们有可能与他人建立更深的情感联结和亲密关系。有时，一些女性目睹了父亲暴怒的一面，尝到了被否认和被抛弃的滋味，就收起了泪水和柔情，把它们统统藏在愤怒之下。因此，如果一个女性能学会接纳自己的愤怒，就可能会唤醒内心的柔软，试着敞开亲密关系的大门。通常，女性向爱人表达愤怒后，就会在性方面变得更加开放，因此，愤怒的表达和处理可能会改变伴侣之间的互动方式。这种情绪的释放可能会促使双方在生理和情感层面获得更全面的恋爱体验。

有时候，肆意泄愤的人是母亲。在这种情况下，父亲通常不敢正视自己的愤怒，也不敢去直面伴侣的愤怒。蕾妮（Rene）的父亲就是这样，他一直在做老好人，完全不顾蕾妮的感受。在妻子泄愤和自毁时，他没有出面制止，也没有采取任何行动改变那种局面。他很爱女儿蕾妮，但妻子却因此更加嫉妒蕾妮。蕾妮学着父亲的样子讨好母亲，日常的一言一行都在试图取悦母亲，但无论她怎么努力，都无法让母亲满意。蕾妮特别害怕母亲发怒。她十几岁时，母亲开始酗酒，整个人变得越发暴躁，几次企图自杀，最后彻底精神失常了。那段时间，父亲并未在家庭里发挥积极的作用，丝毫没有阻止母亲的那些疯狂举动，他始终未能对母亲说出："不！不要这样！我无法容忍你的这种行为。"

　　为了填补母亲在情感上的缺位，蕾妮一直在家庭之外寻找母亲的替代者，并尽心尽力讨好她们。但在内心深处，她非常害怕自己会变得越来越像母亲。靠着这种爱讨好人的个性和自身的魅力，她在20多岁到30岁出头的那几年发展得很不错。30岁出头时，她嫁给了一个年长的男人，那个男人是个"永恒少年"式的人物。他们相处得很愉快，从不争吵，但也从未有过深入的交流；最后两人对彼此都失去了兴趣。后来，她又交往了一个男人，这个男人与她的前夫截然不同。这个男人非常务实，每当她过度承担责任、没有按时赴约或做错事时，他就会批评她，两个人因此经常吵架。尽管她深爱着这个男人，却无法应对他和自己的愤怒，于是她决定接受心理分析。在这段关系中，她惯常使用的讨好策略根本不适用。她意识到自己必须学会反击，但她内心其实非常害怕，因为她担心自己会变成母亲那副模样。

　　关于如何应对攻击，父亲没有给予她任何指导和帮助。她只见过母亲歇斯底里地宣泄愤怒，用自己的怒火粗暴地灼烧着每个家庭成员。那段时间，她做过一个梦，梦见自己和父亲被一帮凶残的中世纪士兵俘获。士兵把他们扔进了一个深渊，一场残暴的血腥之战就在他们头顶上演，他们被迫目睹了整个过程。对于蕾妮来说，这个梦境象征着母亲压抑不住的怒火，以及父女俩在目睹母亲泄愤时所经历的无助。

愤怒的情绪涌现时，蕾妮就会陷入深深的抑郁。她不够自信，和别人发生争执时总会自责不已。于是，她试图在感情和工作中表现得越来越负责、越来越完美，以消除内心的不安。她总是为自己设定遥不可及的目标，揽下过多的任务，结果总是做不完，因此，她整日处于焦灼、慌乱之中，担心自己会在巨大的压力面前倒下。而这一切的背后还藏着她深深的恐惧，她一直担心自己将来会像母亲一样沦落到精神崩溃的境地，无法正常生活。为了避开愤怒的情绪，她竭力讨好别人，揽下了过多的任务和责任，由此产生的焦虑掩盖了她内心深处一直未能学会如何处理的愤怒。她的目光所及之处只有母亲的歇斯底里和父亲的无助，没有能妥善控制情绪的榜样可供她参考和学习。她缺乏自信，怀疑自己的价值，不敢坚持自己的主张。因此，我建议蕾妮要看到她所害怕的愤怒的价值，要为自己和他人设限，要试着说出"不！我做不了"这样的话。而要给自己设限，首先必须学会欣赏自己的价值。

梦境给她提供了一种参考意象。有一次，她梦见四匹骏马拉着一辆马车疾驰，车里端坐着衣着优雅的俄罗斯女王。这位女王知道自己想要什么，不害怕坚持自己的主张，敢于争取自己的权利。她还知道如何控制和引导骏马，让它们带自己去任何想去的地方。在蕾妮梦到女王之前，她还梦见一只巨大的大猩猩一直跟着她，她无处可逃，只能面对，因为只有直面这只大猩猩，她才能见到女王。这个梦境似乎在提示蕾妮，要想连接到自己内心高贵、强大的力量，她就必须先面对如大猩猩般强势的内在袭击。

蕾妮其实也脱离了与愤怒之力——"迦梨[1]之力"的连接。迦梨是印度教中的一个女神，代表创造和毁灭。她的愤怒既能打破旧有的局面，又能激发崭新的开始。因此，"迦梨之力"可以为人的成长和蜕变提供能量，是许多女性需要提升的自我力量，具体表现为坚持自己的主张、为自己和他人设限、必要时能果断说"不"。

此外，宣泄愤怒可能还有助于实现精神的升华。有时候，为了提升意识层次，人们甚至有必要对"上帝"、对悲惨的命运撒撒气。约伯（Job）忍受了多年的不公正对待后就曾当面质疑上帝，对上帝直抒心中的不满。荣格指出，约伯的这一举动不仅提升了全人类的意识，甚至还提升了神的意识。就我个人体验而言，愤怒既传达了脆弱和不足，也彰显了力量。它通

---

[1] 印度教中的女神，面目狰狞、酷爱血祭。——译者注

过看似矛盾的方式将对立的事物或概念结合在一起,从而提升了既有存在和意识的层级。我发现自己身上有与父亲相似的自毁特质后,也曾赫然而怒,但是这种怒气一直在源源不断地为我注入行动的能量,提醒我尽力跳出负面的业力循环。释放了这种怒气后,我更能体会到父亲每日在生死边缘挣扎的那种痛苦,和父亲的关系也比之前亲近了许多。

那些在父女关系中受伤的女性怎样才能接纳和利用自己内心的怒火,而不是被它威胁或吓倒呢?如何将愤怒转化为创造力呢?根据我的经验,至少要经历两个阶段:首先要发泄愤怒,然后再将愤怒的力量转化为创造性的能量。童话《青蛙王子》就生动地展示了愤怒之火喷薄而出的力量,而神话故事《赛姬与厄洛斯》则隐晦地指出了一条通往蜕变的道路。

很多时候,在父女关系中受伤的女性都害怕面对内心的怒火和能量。其实,她们不妨参考一下森林火灾的一种处理方式——"以火攻火",即森林消防员在危险的火区周围主动点燃易燃物形成火带以阻止火势蔓延。同理,泄愤相当于划界,说出"够了!"即设立了边界,把愤怒向外宣泄出来,把情绪释放出来,就可以达到"以怒攻怒"的效果。格林童话中的《青蛙王子》就呈现了"以怒攻怒"的魔力。

故事里,公主的金球滚入了水潭中。她让一只青蛙帮她捡球,青蛙说只要公主承诺喂养它、照看它,允许它睡在自己的床上,它就帮她捡。公主一口答应了,但拿回球后转头就忘记了自己的承诺。有一天,她和父亲正准备吃饭,门外突然传来了"呱呱呱"的叫声。国王问门外是谁,公主就给他讲了自己与这只青蛙认识的来龙去脉。国王听完立即教导女儿要信守诺言。公主十分讨厌那只青蛙,但还是把它带到自己的房间,给它喂了些食物。但她无法接受它睡自己的床,就把它扔在了地板上。青蛙不依不饶,坚持要她兑现诺言,她怒火中烧,一把抓住它朝墙上砸去。然而,青蛙摔到地上后恢复了中咒之前的模样,直接变成了王子。

此处的愤怒不失为恰当的回击。正是这种愤怒解开了魔咒,把青蛙变回了王子。因为"永恒少女"在发怒时必然会再次感受到那些早已拱手让人的力量和权力,所以对那些需要奋起反击的"永恒少女"来说,这种方式或许尤为有效。"永恒少女"也可以通过宣泄愤怒公然反抗父权的钳制。把青蛙砸到墙上就像把不当的投射扔回给投射者,比如,有人认为女人都是被动、无能的,那么女性就可以将这种负面的投射扔回去。"永恒少女"很容易接受别人的投射,比如别人认为她们无能,她们就会觉得自己无能。但是,这样一来,她们真正拥有的力量以及她们作为女性的独特感受和本能反应都会退化,甚至她们会转而攻击自己。她们可能会对失去权力感到愤怒，但又不敢表现出来。因此，为了避免与自己和他人发生冲撞，她们可能会掩饰自己的愤怒。但是，愤怒一旦被掩盖，它所蕴含的力量也就跟着消失了。

《青蛙王子》中的公主把青蛙扔到墙上，是在为自己的愤怒负责。她接纳了自己当下生出的厌恶感，违背了父亲的教导，觉察并遵从了自己作为女性的本能和感受。第一次见到青蛙时，她是一个无助的小女孩。她的金球滚落到了水潭里，正如许多女人丧失了女性精神的强大内核。在脆弱无助的时刻，她只好违心许下了承诺。这确实是许多女性的真实写照。在我们的现实生活中，许多女性为了换取安稳、富足的物质生活，放弃了自己独立的人格。童话故事《黄色小矮人》中也有类似的情节。在《黄色小矮人》中，眼见怒吼的狮群即将袭来，绝望无助的公主为了保命，只能答应嫁给那个变态小矮人。但在那个童话里，公主从未与狮子和小矮人正面交锋，她将自己困在无助和自怜的牢笼里，结局注定是香消玉殒。《青蛙王子》中的人物命运之所以会发生转折，是因为公主最终接纳了自己作为女性的真实感受，敢于为自己的情绪负责，大胆地释放了自己的情绪。她的怒火无意中解开了魔咒，把青蛙变回了王子，王子因此得到了救赎。她遵从内心的感受，一怒之下把青蛙摔到了墙上，青蛙落地即变成了她的恋人。由此可见，释放愤怒可能有助于增进亲密关系。

当代女性不仅要在个人生活中展现自我，更要在文化层面上奋起抗争。在我们这个时代，许多女性都因自身的女性价值被贬低而深感愤怒。她们需要在日常经历中强势地捍卫自己的主张，勇于将心中的愤怒一而再，再而三地倾泻出来，狠狠地将一些文化层面的"青蛙"（投射和偏见）摔到墙上。另外，女性在表达愤怒的时候不仅要做到有力度，还要做到有条理、有目标。有了对自身能量的觉知和掌控，女性或许就不再容易陷入无助的局面，被迫做出那些违心的承诺。我们的文化层面也存在着未消融的愤怒，这些愤怒积累到一定程度甚至会引发战乱，造成伤亡。女性在学着与愤怒建立联结的过程中，可能会提升对文化层面的这些愤怒的认知。

我们可以从释放怒气的角度来解读《青蛙王子》这个故事。故事中的愤怒可能只是觉醒的开始。因为女性一旦觉察到自己的愤怒，自然就会想进一步赋予愤怒以逻辑和形态。里尔克有一首挽歌就形象地表达了这一点。这首挽歌是为悼念一位年轻诗人所作，那位诗人因为内心不堪重负选择了自杀。

啊，诗人的古老敌意！
他们沉溺于自我怜悯，
不敢大声说出自己的感受；
他们总是审判自己的情绪，
而不是将其雕琢成诗句；
他们总是认为完全理解自己的喜怒哀乐，
知道哪些情感适合在诗中哀叹，
哪些适合颂扬。
他们总是像病人一样，
用忧伤的言语诉说着自己的伤痛，
而不是用文字严谨地呈现自我，
远不如大教堂的石匠那样沉稳。
其实，将真实的感受化作文字才是真正的救赎。
如果你有幸领悟到命运如何化作诗行一去不回，
又如何立即从诗句化为意象，对，就是意象，
抑或是先祖，就是相框里那些像你又不像你的先祖，
你就不会轻易放弃呈现真正的自我。

赛姬与厄洛斯的故事提供了触及愤怒并转化愤怒的一种途径。故事中，赛姬的爱人厄洛斯弃她而去后，她一直试图与厄

洛斯重修旧好。厄洛斯的母亲阿芙洛狄忒嫉妒赛姬的美貌,借机不断地刁难她。阿芙洛狄忒命令赛姬去完成各种任务,那些任务都非常棘手,看起来根本无法完成,赛姬陷入了绝望。其中一项任务是要她从一群野公羊的身上拔下一绺金色的羊毛带回来。赛姬知道自己根本做不到,走投无路之时,决定投河自尽。但是,就在她打算跳下去的那一刻,她听到一个温柔的声音告诉她,有一个办法可以从野性难驯的公羊那里获取羊毛。那个声音来自水中一棵绿油油的芦苇。那棵芦苇善良、纯朴,就连她随风摇曳的声音都非常美妙。她对赛姬轻声说道:

赛姬,虽然你现在饱受折磨,痛苦不堪,但你可不要在这里如此凄惨地自尽,我可不想让你的尸体玷污我这片神圣的水域。你也不要在这个时候接近那群可怕的公羊,因为它们从炽热的阳光中吸取了猛烈的高温,变得暴躁如雷、性烈如火,它们的角锋利无比,前额坚硬如石,有时候甚至还会施毒咬杀,它们气势汹汹,妄图毁灭人类。不过,等到正午骄阳的热度逐渐消退,野兽们沐着柔和的河风沉沉睡去,你就可以躲到远处那棵高耸的悬铃木下伺机而动,那棵树和我一样都是靠着河水的滋养长大的。一旦你确定羊群的狂躁和愤怒平息了,你就可以去摇晃那边树林里的树木，你会发现，弯弯曲曲的树枝上到处粘的都是金色的羊毛。

此处最关键的一点就是不要径直靠近愤怒的公羊，因为它们野性难驯、气焰嚣张、杀气腾腾。要想得到自己心心念念的东西，就得耐住性子、慢慢等待，迂回巧取。直面狂暴的公羊，赛姬必死无疑。有时候，因为伤痛过深，女性的怒火会肆意喷涌，无差别地摧毁她与所有人的关系。她们就像疯狂的公羊，遇到谁，就狠狠地攻击谁。这种愤怒通常都源于过往被抛弃、被背叛或被否定的情感创伤，而这些创伤大都是在父女关系中落下的，并且会经常在当前的人际关系中一次又一次地涌现。她们的愤怒还总是伴随着猜忌和报复，情绪强烈到足以摧毁任何关系、侵蚀自爱的能力。希腊悲剧中的美狄亚（Medea）[1]就是这样一位女性，只不过她的故事较为极端。美狄亚的情人伊阿宋（Jason）移情别恋，为了报复伊阿宋，美狄亚亲手了结了她和伊阿宋的两个孩子。像美狄亚一样，许多女性会采用极端的方式来摧毁自己与他人的关系，比如持续爆发出歇斯底里式的行为、扬言要自杀或真的尝试自杀。赛姬决定跳河自尽就

---

[1] 希腊神话中著名的女巫，科尔基斯的公主。——译者注

表明她当时已被这种攻击心理所支配,只是这种攻击的矛头转向了她自己的内心。

赛姬经过耐心等待后成功收集到了公羊的金羊毛,毫发无伤地躲过了公羊的攻击,那时的她其实就相当于获得了富有创造性的黄金能量。为了利用好愤怒的能量,我们必须从它温和的一面接近它,这样才不会被它吞噬。要做到这一点,需要充足的耐心和知识,也就是说,要能够耐心等待合适的时机,并且知道时机何时到来。如果一个人被愤怒冲昏了头脑,没有等到合适的时机就肆意发泄自己的情绪,那么他的能量通常就白白消耗了,结果必然适得其反。别人只能看到这类人在撒泼卖疯,看不到背后的原因。但是,了解愤怒背后的原因非常重要。而要了解原因,就要有意识地区分不同的愤怒,区分构成愤怒的不同元素。这时候,我们就需要理清哪些是源于父亲生命中未解决的愤怒,哪些是属于女性自己的愤怒,哪些是与当前情况相关的愤怒。阿芙洛狄忒命令赛姬完成的第一项任务是把堆积如山的种子各归其类。这项任务几乎是不可能完成的,但是一群工蚁赶来齐心协力帮助赛姬完成了这项任务。有时候,整理构成愤怒的不同元素也是一项艰巨的任务,工作繁杂,决心和毅力必不可少。要弄清楚愤怒的哪一部分真正属于自己,哪一部分属于他人,哪一部分源自父母甚至社会文化,

203

实属不易。但如果不这样做，人们往往会如古希腊故事中下到地狱的达那伊得斯（Danaides）[1]那样陷入绝望的困境。

达那伊得斯指的是达那俄斯的50个女儿。迫于无奈，达那俄斯同意将达那伊得斯姐妹嫁给她们的50个堂兄弟。但他给了每个女儿一把剑，命令她们各自在新婚之夜杀死自己的丈夫。49个女儿遵从父命挥剑杀死了自己的丈夫，她们死后下到地狱，被罚给一个无底桶装满水。显然，无底桶是永远都装不满的，所以她们永远无法完成这项任务，只能无休无止地反复往桶里装水。有一个女儿不忍对她的新婚丈夫下手，偷偷帮他逃脱了，所以那个女儿没有被判下地狱。很明显，达那伊得斯姐妹就是在替父亲发泄那些积压在他心中的愤怒。父亲先是把她们许配给不合心意的追求者，接着又要求她们杀死丈夫为自己泄怒。这样一来，她们注定要下到地狱接受惩罚，整日做着徒劳无功的努力，永无出头之日。这种情况可能也会发生在个人层面。有些女性因为父亲的失职或缺位心中积压着怒火，从而转向自我攻击，做出自杀或其他自毁行为，彻底扼杀与他人建立关系的所有机会。而如果父权社会对女性的敌意仍残留在文化层面上，有些女性恰好又没有找到合适的方式来珍视自己的

---

[1] 希腊神话中埃及国王柏罗斯之子达那俄斯与多数的情人和妻子所生的50个女儿的总称。——译者注

女性特质,那么她们就会无意识地承接这种敌意,通过模仿男性或取悦男性来攻击自己,永远无法活出真正的自我。

创造的前提是接纳。实际上,这也是赛姬接到的第三个任务,是达那伊得斯姐妹未曾实现的突破。赛姬成功收集到公羊的金色羊毛后,阿芙洛狄忒又给了她一只水晶杯,命令她去取冥河之源的水。冥河从一座高山的最高峭壁中流出,那座山由几条恶龙看守。有个声音一直在提醒赛姬务必小心,断定她无法完成这项任务。但是,关键时刻,宙斯(Zeus)[1]派来一只神鹰。神鹰突然叼走了水晶杯,腾空而起,巧妙地把杯子装满了水。冥河从最高处(山顶)流向最低处(冥界),从冥河中取到水就意味着接收到了生命中流动的能量,能够统一无意识和意识层面的智慧,并将汇集到的能量和智慧转化为具体的表现形式。而要做到这一点,就必须具备一种向上翱翔的力量,一种向世界展示自己创造力的力量,一种不被那些喊着"小心,你做不到"的声音所干扰的定力。若想接纳并拥有能量,就一定不要在无形的愤怒中消耗掉那些能量,而是要学会创造性地激活和利用那些能量。这个道理放在政治事务、艺术创作、抚养孩子和人际关系中都非常适用,而在提升个人生活质

---

[1] 古希腊神话中的第三代神王,被称为"众神之王"。——译者注

量方面，它是最行之有效的。

下面这首诗名为《神化》（"Apotheosis"），它表现的就是愤怒的升华。

没有痛苦，
没有任何感觉，
只是脉搏急促，
让我真真实实地感受到，
所有的情绪已合为一体，
那些沉积的愤怒，
已烟消云散，
爱与力量，
已破壳而出。

愤怒升华后，女性会变得更加强大。她们集创造力和女性智慧于一身，不仅可以实现自我的成长，同时还能推动他人和社会文化的进步。接纳愤怒、转化愤怒有助于释放和展现女性的力量和勇气，救赎在父女关系中受伤的女性，疗愈她们在父女关系中所经受的创伤。

第二部分　伤害

第七章　眼泪

> 有一座宫殿，它的大门只向泪流满面的人敞开。
>
> ——《佐哈尔》（Zohar）[1]

对于在父女关系中受伤的女性来说，掉眼泪肯定是常有的事。她们的泪水或凝结成冰锥，锥尖锋利如匕首；或如暴雨倾盆，淹没她们的容身之地。当然，有时候，她们的泪水也可以像滋养大地的春雨，添加成长的养分，唤醒重生的力量。

泪水一旦凝结成匕首般的冰锥，就等于禁锢住了这些女性，冻结了她们与外界的关系。凝结成冰的泪水就像美杜莎（Medusa）[2]的凝视一样，能将男人瞬间变成石头。当然，女性的心也可能会变得冰冷如石。这种形式的眼泪无法带来救赎，因为它将灵魂冻结在苦涩的怨恨中，没有丝毫成长的

---

[1] 犹太教卡巴拉密教文献，以古老的阿拉米语写就，13世纪开始流传于世。——译者注

[2] 古希腊神话中的蛇发女妖。凡看见她的眼睛者皆会被石化。——译者注

空间。

泛滥的泪水还会冲毁这些女性脚下的方寸之地。她们或陷入泥泞，东倒西歪，无法自拔；或沉浸在伤痛中，自怜自哀，任由灵魂被吞噬。

虽然凝结成冰的眼泪和泛滥如洪的眼泪可能都无法带来救赎，但是眼泪终究不会白流，它夺眶而出的那一刻其实已经成功叩响了灵魂之门，撕开了灵魂的一角。若是和怒火一起喷涌而出，眼泪甚至还可以让这些受伤的女性获得喘息的空间，促进她们伤口的愈合，赋予她们带伤生存的力量。

那些在父女关系中受伤的女性大都无法坦然地落泪。有些父亲害怕自己落泪，所以也不允许妻女落泪。我发现，很多女性都梦到过父亲售卖女儿眼泪的场景。有一些父亲为了不让女儿落泪，自己总是扮作乐天派，时时刻刻鼓励女儿开朗乐观。在他们口中，哭泣是失败和懦弱的表现。还有一些父亲可能会通过强调自律和刻苦，来达到禁止女儿落泪的目的。而就那些醉酒后痛哭流涕的父亲来说，女儿看到他们的狼狈模样，自然就会害怕掉眼泪。

下面的梦境显示了眼泪的力量。

出于某种原因，我不得不代替一位女士参加一场音乐演出。我需要给一位朋友弹吉他伴奏和伴唱。我对要表演的曲目一无所知，但我信心满满，我觉得完全可以即兴发挥。在后台候场的时候，一个矮小的男人过来找我。在梦里，他自始至终都面无表情。他一直想给我红酒喝，因为如果我把酒洒在自己身上，我就得听命于他。我只喝了白葡萄酒和毕雷矿泉水，自以为可以避开他的纠缠。然后，我的儿子也来了，那个男人说，如果我的儿子受伤流血了，就得任他摆布。我告诉儿子要多加小心。但是，那个男人忽然变成了一只小猫。起初，我提醒儿子不要触碰那只小猫。后来，我又觉得那不过是一只可爱的小猫，不会有什么危险。于是，我儿子就和那只小猫玩了起来，玩着玩着，小猫就趁机抓伤了他。然后，小猫又变回了那个男人，对我说道："你儿子是我的了！"我气坏了。我丈夫赶来后，我立即向我丈夫求助："他在胡说八道，对吧？"但我丈夫却认为那个男人说得对。过了一会儿，那时候或许我都已经醒了，我终于忍不住放声大哭。我一哭，我儿子身上的咒语就解除了。是我的泪水打破了魔咒！

这个梦境是"水路"（path of water）梦境系列中的一个。对梦中的这个女人来说，水代表了救赎的力量。之前，她曾梦见自己被一个盐工（a salt man）跟踪，她觉得，那个盐工象征着她干涸的眼泪以及她内心深处那个越来越占上风的百般挑剔、咄咄逼人的男性。她十岁时，父亲就离开了家。每逢圣诞节和父亲的生日，她都会给父亲写信，但父亲从未给她写过信，也没有给她送过礼物。父亲对她漠不关心，而她却在心里不停地为他找借口。进入青春期后，她变得异常叛逆，日子过得放荡不羁。她染上了毒瘾。有一次，她在搭便车时被搭载她的男人恐吓，差点被杀。从此，她一下子走出了叛逆的生活，变成了勇敢、坚强的斗士。她直觉很准又善于表达，所以总能指出别人的问题并给出应对的办法。她很少出错，但因为意识不到自己的不足，处理问题不够温柔，把握不住时机，所以她总是会伤害到别人。别人都认为她很坚强、很强大，默认她能扛下一切，因此会经常指责她，忽视了她也有脆弱的一面。她讨厌别人那样对她，却无法开口说出自己的苦恼和需求。

她的内在有一个男人，这个男人不断要求她追求完美、尽心竭力，不允许她有一丝一毫的松懈。他希望她做个超人，提出的要求繁杂又苛刻，她根本达不到那些要求，所以也根本没有空间施展自己的才华。在她的记忆中，父亲对她一直很严苛，事事要求她做到完美。她想取悦父亲，想让父亲回归家庭，但无论她怎么努力，都无法令父亲满意。如今，在这个梦中，那个面无表情的男人也如恶魔般强势、苛刻，他诅咒她，将她玩弄于股掌，她好像又一次陷入了被人压制的困境。但这一次，她用眼泪打破了魔咒，挣脱了囚闭她的牢笼。经由这次成功的经验，她体会到，要接纳自己的感受，释放自己的感受，而不是故作坚强、极力压抑它们。她意识到应该宽以待人，宽以待己，放低对自己的期望，正视自己作为女性的生理需求。同时，她还认识到，应该看见自己的创痛，客观看待那些魔鬼般的力量。她曾经以为，如果不小心把红酒洒在了身上，就等于承认了自己的不完美，就会颜面尽失。在梦中，她没有失手将红酒洒在自己身上，却没能保护好儿子，儿子最终受伤流血了。她意识到，要打破咒语，就必须正视流血的伤口和这个男人对她的威胁。她能放声大哭，就表明她已毫不避讳地正视了自己的创痛。

在心理治疗中，许多女性突破自我的表现就是能够卸下防备，自由哭泣，袒露脆弱和创痛。她们常常因哭泣感到羞愧和尴尬，但是，哭泣有助于她们卸下防备、正视创痛——创痛愈合的前提就是觉察和正视创痛，所以哭泣对她们大有裨益，也总能给她们带来新的希望。一位女士就曾表示："不知道为什么，哭出来之后我如释重负。以前，我总觉得找不到充足的理由就不能哭。接受心理治疗时，我知道有人关心我、陪着我，我能够无拘无束地哭出来了，哭出来之后，我也切切实实地觉察到了自己的伤痛，感受到了隐隐作痛的伤口。"

另有一位女士梦见自己遭遇了一场可怕的暴风雨，她的汽车快要被雨水淹没，僵在原地无法动弹。然而，当她抬头望向天空时，她看到一道亮光在闪烁。原来，在她失控的情绪风暴背后，竟然有一束光为她照亮全新的视野。这位女士最初一直在做乖乖女，时时刻刻都在服务别人。她的母亲身患残疾，她必须照顾母亲。母亲疼痛难忍，时常哭泣，她总是想方设法安慰母亲。她的父亲有点耳背，听不到妻女的哭喊，而且他对妻女本就漠不关心。她的奶奶非常严厉，喜欢站在道德高地对她评头论足，根本不顾及她的情绪。所以这位女士小时候未曾得到过家里这三位成年人的任何照拂，生活上没有，精神上也没有。相反，她小小年纪却承担起了照顾家人的角色。他们不允许她表露情绪，也不尊重她的感受。成年后，她去做了修女，在修道院度过了二十年的时间。在此期间，她在精神方面和智力方面都成长了许多，但感情生活和性生活却是一片空白。离开修道院后，她迫不及待地想开启一段亲密关系，但她总是试图通过帮助男人、取悦男人来换取他们的爱。如果他们没有以身心做出亲密的回应，她就会很伤心，觉得自己被利用了。她未曾拥有真正的童年，也未曾体验过身心交融的亲密关系。多年来，她把这些委屈积压在心底，没有掉过一滴眼泪。但这些压抑的泪水终究需要一个宣泄的出口。在试图填补曾经缺失的生活体验时，她必须接纳和经历内心的风暴，才能继续前行。觉察到内心的痛苦后，她需要试着将那些感受表达出来。而且，正如梦境所示，这些如暴风骤雨般涌现的感受正是她的指路明灯。

雨水在许多女性的梦中都出现过。作为救赎的意象，雨水象征着成长和蜕变中所流淌的泪水。很多诗人都曾以雨入诗。里尔克彪炳文学史的《杜伊诺哀歌》（*Duino Elegies*）就是以雨水的意象收尾的。《杜伊诺哀歌》探讨了生存与死亡等人生中的重大课题。"如果我哭喊，天使的队列里有谁能听见？……于是我极力克制，咽下了一声声阴郁的啜泣。"通过这十首哀歌，里尔克书写了人类共同的创伤，呈现了所有经历伤痛的人，无论男女，在感悟到生命的短暂，体验过恐惧，觉察到人性的矛盾，认识到自己无法尽善尽美、无力拥有自己想要的东西，目睹了个人生活和文化层面的不公与争斗，接受了死亡终将到来后，所生出的绝望、淡漠和无助。里尔克在创作《杜伊诺哀歌》之初曾陷入过绝望的处境，前后花了十年时间才完成了这部作品。十年里，他怒过，也哭过。最终，他领悟到了所有苦痛的意义。他不再哀叹苦痛，转而开始赞美苦痛，因为他意识到,悲伤本就是成长的环节,是人类成长过程中不可或缺的体验。里尔克悟到,痛苦与快乐其实属于同一条"潺潺流溪",就像生与死是一体两面般的存在。因此,虽然我们尽力避免陷入痛苦、抑郁和负面情绪,习惯把快乐建立在积极向上的状态和成功的经历之上,但其实痛苦与快乐是密不可分的。在他的笔下,雨水就是悲喜迁转的象征意象。里尔克在《杜伊诺哀歌》的结尾处满怀信心和期待地写道:

> 但是,
> 人们不断死去,
> 唤醒了我们的觉知,
> 他们似乎在指着光秃秃榛树上垂下的柔荑花序,
> 抑或是早春时节落在沉寂土壤上的雨水,
> 说,看!
> 我们总以为幸福必须费力争取,
> 但那一刻,
> 我们会感受到,
> 幸福原来猝不及防。

格林童话《无手少女》的主人公就是在伤心落泪后获得了

第二部分 伤害

救赎。而且，这则故事也刻画了父女关系中的创伤。在这个故事中，生活窘困、游手好闲的磨坊主在森林里遇到了一个人，那人承诺赠送给他无尽的钱财，但是要拿磨坊后面立着的东西作为交换。磨坊主自认家徒四壁，磨坊后面就那么一棵苹果树，自然一口就答应了。然而，真相是，他的女儿当时就站在磨坊后面，而森林里的那个人其实是个恶魔。没办法，磨坊主只好决定把女儿交给魔鬼，那些习惯了伤害女儿的父亲遇到这样的情况通常都会这么做。他当时之所以会接受魔鬼提出的那个交换条件，是因为他认为自己不名一文，没有什么可失去的，断定自己不会有什么损失。但他忘记了自己还有一个女儿，低估了女儿的价值，也亵渎了自己作为父亲的职责。

他的女儿得知此事后，为了避免落入恶魔之手，立即把自己洗得干干净净。恶魔说必须让她远离所有的水，否则就无法控制她。父亲听从了恶魔的指示，女儿忍不住伤心啜泣，泪水滴落在了手上。因为她哭哭啼啼，手上有泪，魔鬼无法带走她。于是，魔鬼就命令她的父亲把她的双手砍下来，第二天再来带她走。魔鬼还威胁说，如果不照做，就会带走这位父亲。为了保住自己的性命，父亲只好砍下了女儿的双手。女儿疼痛难忍，再次哭了起来，这次，她的眼泪落在了胳膊上，所以魔鬼还是无法带走她。最终，魔鬼只能作罢。但是，这个女孩永

215

远地失去了珍贵的双手。父亲试图弥补自己对女儿造成的伤害，安慰她说全家可以用这笔钱过上衣食无忧的生活。看清了自己的处境后，女儿决定不再和父亲继续生活在一起。她离开家，独自一人去了森林。

这个女孩看清了父亲的无能，意识到必须自立、自强，但是她已经失去了双手，行动受限，仅靠个人努力很难走出困境。伤心落泪后，她终于摆脱了魔鬼的纠缠，狠心离开了失职、无能的父亲，独自踏入荒无人烟的森林。她在森林里祈求神灵的帮助，相信自己能从大自然中获得治愈的力量。一位天使来帮助她，她吃了一棵树上的果子，那棵树属于一个国王，国王见到她后爱上了她，娶她为妻，还送给她一双银制的手。但是，后来战争爆发了，国王必须外出打仗，夫妻俩被迫分开。恶魔趁机在两人的信件上做手脚，不断制造误会，最后，她被迫带着刚出生的儿子痛苦不堪地离开了王宫。她再次祈求帮助，一位天使在森林里帮她安了一个家，她和儿子守着那个家住了七年。其间，她的双手又重新长了回来。同时，在这漫长的七年里，国王一直在寻找她。最终，两人历尽艰辛终于团聚。

这则童话故事让我深受启发。有段时间，我觉察到，我的"亚马孙盔甲"阻碍了我和外界的连接，对我构成了威胁。我意识到，由于父亲的失职和无能，我一直想取得惊天动地的成就，试图掌控一切，来填补心中的缺憾，但这一切其实都是徒劳的。我像是突然被砍去了双手，又闯入了孤独和沮丧的森林，泪流不止，只能学着等待和信任。有时，一想到自己未曾拥有过真正的童年，又被父亲和几任情人所抛弃，我的心中就会涌起强烈的恨意，泪水也会凝结成锋利的冰锥。有时，泪水如潮水般泛滥，我沉浮其中，像溺水者一样拼命挣扎。当然，我也流淌过温柔的泪水，那些泪水激活了我本能的感受，那些感受已被压抑得太久、太深。那些泪水软化了我的盔甲，打开了我的心扉，我开始感受到人类与生俱来的自愈力量。我越来越能够展现自己的脆弱，不再为了迎合众人的眼光竭力掩饰自己的不足。我越来越能够坦荡、自然地向别人表达我的真实感受，焦虑和控制欲变得越来越少，别人也更愿意敞开心扉和我交流。我开始意识到，我的那些痛苦，那些未愈合的伤口，是与他人建立连接的重要纽带。要想获得救赎，并不需要做出什么惊天动地的大事。我只需要相信人类与生俱来的自愈力量，学会等待，敞开心扉拥抱内心深处涌现出来的能量。对于我这个争强好胜的人来说，这并非易事。不过，眼泪一次又一次地滴落到我身上（这种状态甚至一直持续到我写完这本书），我的双手一点一点地自行长回来了。终于，我可以敞开心扉去写、去诉说。

我认为，在某种程度上，这就是赛姬执行第四个任务时功亏一篑的启示。当时，她成功拿到美容神液后，没能忍住好奇心，违抗禁令打开了不属于她的美容神液，受到冲击失去知觉，陷入了无助的困境。至此，赛姬为了与爱人厄洛斯重修旧好，一直在努力完成阿芙洛狄忒交给她的各种任务。诺伊曼（Erich Neumann）[1]认为，赛姬试图违抗禁令服用美容神液，就等于承认了男人厄洛斯比自己更为强大，表明了她更注重提升美貌而非知识素养，证明她已重新接触和接纳了自己作为女性的内在特质。如果有人说女性的主要特质是美貌，当今的许多女性可能都会感到不适。依我看，诺伊曼在解读赛姬时将美丽的容颜视为女性的基本特征，正好呼应了"永恒少女"和"亚马孙女战士"之间的差异。当我试着把赛姬功亏一篑视为其蜕变的一种表现时，我发现她最后未能忍住诱惑其实只是选择了臣服于更高层的精神力量，承认了人性的弱点和局限。作为凡人，我们所有人都应该承认人性的弱点和局限，这不是女性独有的功课，尽管其意义往往经由女性先行呈现出来。

同样，眼泪也常常被解读为失败的表现。但是，眼泪能滋

---

1 埃利希·诺伊曼，荣格学派分析师，曾任以色列分析心理学家协会主席。代表作品有《原型女性与母权意识》等。——译者注

润孕育新生力量的土壤，能助人摆脱恶魔的侵扰和报复，能将人拉出无助的深渊。无手少女正是在痛哭流涕后才接纳了痛苦，鼓起勇气主动等待新的时机，没有陷入"永恒少女"式的被动局面，也没有像"亚马孙女战士"那样试图掌控一切，而是满怀信心和希望，最终走出了适合自己的救赎之路。所以，她洒下的眼泪是自我蜕变的眼泪。从这些例子中，我发现那些受伤的女性的蜕变之路大致如下：首先，觉察到所有的创痛，内心涌起愤怒；然后，接纳创痛，流下蜕变的泪水；最后，伤口逐渐自行愈合，收获爱与认同。

第三部分
疗愈

愿我有朝一日，

在严酷的认识的终端，

向赞许的天使高歌大捷和荣耀。

愿心锤明快的敲击无一失误，

紧扣松弛、疑惑或断裂的琴弦。

愿我流泪的脸庞增添我的光彩：

愿暗暗的哭泣如花开放。

哦，那时，

历尽忧患的黑夜，

你们会何等可爱。

我不曾更虔敬地承纳你们，

难以慰藉的姐妹，

不曾更轻松地投入你们松散的长发。

我们，痛苦之挥霍者！

我们预先怎样估量它们,

关注悲哀的延续,

判断它们有无尽头。

然而,它们却是

我们历冬的树叶,

我们深绿的意蕴,

隐秘年岁的时间之一,

岂止时间,

乃是地点,垦殖地,宿营地,土地,栖居。

——摘自里尔克《杜伊诺哀歌》

第八章　女性的多面魅力

为使万物和谐共存，每日、每时，我们都必须保持心境澄明。我不再逃避灵魂的召唤，而是极度渴望完成自己的那份使命。唯有如此，万千纷繁的色彩才能有序呈现。我们必须全力以赴，因为这关乎意识的蜕变，除此之外，别无他路。

——弗洛里达·斯科特-马克斯韦尔

（Florida Scott-Maxwell）[1]

描述了"永恒少女"和"全副武装的亚马孙女战士"的不同生活模式之后，我意识到自己在人生的不同阶段也都经历过这些模式。这些模式各有利弊、相生相成。

说到这些模式，我不禁联想到了水晶。水晶有不同的切面，朝向太阳的切面不同，呈现出的光彩也各异。女性也是如此，通过转动水晶般的自我，她们可以适时展现不同的特质。

---

[1] 作家、剧作家、女性主义者。1933年开始从事分析心理学研究，曾师从荣格。——编者注

比如，可爱玩偶式的女性拥有接纳关爱的能力。许多女性不敢接受别人给予她们的东西，宁愿切断与别人的情感连接，把自己活成一座孤岛。可爱玩偶式的女性则可以坦然接受别人的关爱，同时也能给予别人关爱。她们会调整自己、迎合对方，借此在关系中获得对话的权利。她们也能够融入其所处的社会群体，积极发挥自己的作用和影响力。只不过，在她们舍弃自我、迎合他人时，她们断开了与自我的连接。

玻璃女孩的优势有所不同。她们的力量与内在世界、幻想和想象紧密相关。虽然她们可能对外部世界充满恐惧，但她们的内在却如英雄般无所畏惧。因此，她们如果不消极避世，必定能够展现自身的创造天赋，同时激发他人的创造潜力。

脱缰之马式"永恒少女"喜欢挑战和冒险，因此她们的优势在于敢于突破自我，探索新的机遇。她们有勇气尝试新事物、探索未知。如果她们没有因为三心二意、随心所欲而迷失自我，她们可以成为社会变革的先锋力量。

边缘另类的"永恒少女"的优势在于有质疑大众既定价值观的魄力。她们离经叛道，生活模式与主流社会格格不入，所以她们身上可能闪耀着一些被主流文化排斥在外但又对文化发展至关重要的宝贵品质。如果她们不再将自己囿于受害者和局外人的角色，就能成为改变社会的主要力量。

正如每一类"永恒少女"的生活模式对女性的人生都有其积极意义，每一类"亚马孙女战士"的生活模式在促进女性的成长方面也都有其独特的优势。超级巨星式"亚马孙女战士"凭借自律和才识向世人展示了女性的力量和成就。如果她们不是基于全副武装的自我防御机制，而是从内在的女性核心出发去追求这些成就，她们就能真正享受自己的工作成就和创意成果，并为社会贡献更多的力量。

"乖乖女"尽职尽责、任劳任怨的品质对于维持生活、工作和关系的稳定都至关重要。她们常常愿意配合和迁就他人，能主动遵守和维护各种规则，这对于任何团体、组织或关系的正常运作都是必不可少的。如果她们的责任感和配合意识来自强大的内在，没有因此与本能脱节，那么她们就能点燃自己施展女性创造力所需的耐力和决心。

"殉道者"甘于奉献和牺牲的精神对于开展创造性的生活、构建创造性的关系非常有利。过去，"殉道者"一直都是女性英雄主义的典范，如圣女贞德（Joan of Arc）[1]。但是英雄主义不应以牺牲女性的自我为代价。如果"殉道者"能够学会享受生活、关爱自我，那么她们甘于奉献和牺牲的精神就不会

---

1 法国民族英雄，天主教圣人，英法百年战争中的重要人物。——译者注

发展为自我否定，她们也不会借由奉献和牺牲来触发别人的同情和内疚，而会把奉献和牺牲酿成成长的养料。

勇士女王式的女人能够感知自己的愤怒，坚持自己的主张。她们知道如何挺身而出，争取自己想要的东西，也能照顾好自己。每个人都应该具备这些品质，我们这个时代的女性更是如此。"勇士女王"的过激之处在于她们失去了女性本能的感受能力，丢弃了女性柔软和细腻的一面，她们把这种自我崛起的抗争变成了火药味十足的暴力攻击。如果"勇士女王"能够守住自己的女性核心，坚持自己的主见，但不要走向咄咄逼人的极端，她们就能在个人生活和文化层面开拓并展现出一条女性成长之路。

这些生存模式各有优势，彼此相生相成。格洛丽亚（Gloria）最初也活得像个"可爱玩偶"，但她后来学会了效仿"勇士女王"的强硬态度来拒绝他人提出的各种要求，秉持脱缰之马式"永恒少女"的冒险精神来尝试接触新鲜事物；同时，她还学着像边缘另类的"永恒少女"一样勇敢地对禁锢她的世俗之见说"不"，像"玻璃女孩"一样充分地与自己的内在建立连接，像"超级巨星"一样大大方方地向世人展示自己的才华。

格蕾丝（Grace）曾经是个"玻璃女孩"。她需要变得自在、洒脱，需要能够像那些脱缰之马式"永恒少女"和"超级巨星"一样，信心满满地向世人展现自己的内在价值，这样她才能发挥自己天马行空的特长，为社会贡献自己的力量。她试着允许别人把自己当作"可爱玩偶"宠爱，顺利打开了收获疼爱与赞美的通道。同时，她从边缘另类的"永恒少女"身上学会了坚定地做自己，不受外界评价的影响；从"勇士女王"身上找到了坚持己见的力量；从"乖乖女"的身上学会了忍耐和坚持，能够逐渐将自己的各种幻想变为现实；从"殉道者"身上学会了为自己辩护，让自己凡事都能理直气壮地面对。

胡安妮塔（Juanita）本是一个脱缰之马式"永恒少女"。她试着把"乖乖女"的责任心、"勇士女王"的韧性和"殉道者"的奉献精神与自身勇敢、洒脱的性格结合起来，成功将各种奇思妙想变为了现实。她向"玻璃女孩"学习，加深了与内在女性灵魂的联结。另外，她也看到了"可爱玩偶"们的闪光之处，学着像她们一样忠于伴侣、忠于亲密关系。

从某种程度上看，边缘另类的"永恒少女"似乎是"永恒少女"中最艰难的一个群体。但是，正因为她们与社会格格不入，敢于质疑社会问题，所以她们可以借助"勇士女王"的韧性、"乖乖女"的忍耐力与"殉道者"的奉献精神改变社会。简（Jean）就是这样一位女性。她从"可爱玩偶"身上学会了合群，逐渐能够彻底融入社会，进而改变社会；从脱缰之马式"永恒少女"身上学会了以乐观、开朗的心态面对未知，跳出了愤世嫉俗的受害者心态。同时，她还从"玻璃女孩"身上学会了精心呵护自己的内在灵魂，开始能够温柔地对待自己和他人。

作为一名"超级巨星"，帕特（Pat）经常忙着在外拼搏。因此，她需要像"玻璃女孩"一样，时不时地退回到内在灵魂中休憩片刻；她还需要学会像"可爱玩偶"一样坦然接受别人的关爱，像边缘另类的"永恒少女"一样勇敢对抗社会的规训，像脱缰之马式"永恒少女"一样洒脱不羁，放下对成就过于执着的追求。我发现，总的来说，比起"永恒少女"，"亚马孙女战士"的几种生活方式更为相似。所以，要"超级巨星"做到尽职尽责、勇于奉献、热爱拼搏并非难事。而如果她们能更重视这些内在品质而不是仅仅追求外在成就，她们就能获得更深层次的力量和满足感。

康斯坦斯（Constance）曾经是一个"乖乖女"，不知道如何放松下来享受生活。所以，她需要像脱缰之马式"永恒少女"那样洒脱不羁，像边缘另类的"永恒少女"那样对抗社会既有的规则，打破自己过于温顺的生活模式，像可爱玩偶式"永恒少女"一样，用轻松、有趣的一面来赢得别人的喜爱，而不是一味通过付出来换取别人的认可。同时,她还需要学着像"玻璃女孩"一样密切关注自己的灵魂,走出一味顺从他人的模式。另外,"乖乖女"往往会被社会的期望所禁锢,所以康斯坦斯还需要学着像"勇士女王"一样勇敢捍卫自己的主张,不要总是把社会的期望置于自我需求之上。

玛丽(Mary)原本习惯像"殉道者"一样否定自己。后来,她学会了像可爱玩偶式"永恒少女"一样坦然接受别人的关爱,像脱缰之马式"永恒少女"一样享受玩乐和冒险,像边缘另类的"永恒少女"那样对抗社会既有的规则,终于卸下了一直默默背负着的重担。同时,她还学会了像"玻璃女孩"一样关注内在的灵魂,在奇思妙想中享受到了天马行空的乐趣。由于她习惯否认自己的攻击性,总是试图让别人因为自己的付出而感到内疚,以掩饰自己的攻击性,所以她需要学着像"勇士女王"那样大方表明自己的立场和主张。此外,因为玛丽总是否定自己的劳动成果,所以她还需要学着像"超级巨星"一样坦然欣赏自己的成就。

杰姬(Jackie)像"勇士女王"一样倔强、强势。为了能够坦然接受别人的关爱,她需要变得像可爱玩偶式"永恒少女"一样温柔和包容。同时,她还学着像"玻璃女孩"一样敏感地关注自己的内心世界,用脱缰之马式"永恒少女"那样的如火热情消融自己的冷酷和严苛,学着从边缘另类的"永恒少女"对抗社会的行为模式中汲取力量,坚定地捍卫自己独特的价值观。作为一名敢想敢干的斗士,杰姬身上本就具有"乖乖女"的韧性和"超级巨星"的才干,只是她的表现方式太过激烈,所以她需要采取一种更为温和的方式。此外,在学着像"殉道者"那样牺牲个人利益、专注于更伟大的使命后,这位斗士感受到了放下自我所带来的积极变化,实现了与更高层次的"内在女性"的联结。

寻找与自身内在各种女性特质的联结,是女性通往自我圆满的旅程中不可或缺的环节,也是一条自我疗愈之路。对我个人来说,这段旅程尤为漫长。最近,我和一位好友去落基山脉徒步春游。出发时,阳光明媚,山杨树新发的嫩芽在风中摇曳,美得让人挪不开眼睛。接下来的徒步旅行漫长又艰辛。我们穿过一片好似会突然冒出妖怪的神秘森林,来到了高海拔山区。那里的景色壮丽无比,令人叹为观止,但我们出现了高原反应,头晕眼花、恐慌凌乱。爬过积雪的山路,我们最终到了一处圆形的地带,在那里,湖泊、山脉和天空神奇地连为一体,美得令人心生敬畏。那种感觉正如里尔克所说,"美好的事物往往只是恐怖的开端"。我们走了几个小时,经过了各种不同的地形,海拔也越来越高。到达四面环山的神秘湖泊时,暴风雨突然从天而降。太阳没入乌云，漫天的冰雹噼里啪啦地砸下来。那一瞬间，我们甚至开始担心自己会有生命危险。

我们跋涉了数小时，踩着积雪，翻山越岭，才到了那个地方。一到那里，我们就认定那是一方圣域。但是，出于安全考虑，我们不能久留。很快，我们就踏上了返程的路。我们重新爬过积雪的山路，走过高山苔原带，穿过神秘的森林，经过那片美不胜收的山杨林，一路冒着冰雹骤雨，匆匆赶回了家。然而，踏入家门的那一刻，我们竟又开始期待再来一次这样的旅行。而且，我们深信，下次一定会有别样的体验。

对我来说，研究女性的生存模式之旅也是如此。在探索之路上，有些地段像两旁栽种了耀眼夺目的山杨的小径，走起来顺畅又愉悦；有些地段走着走着，像要闯入妖怪横行的魔法森林；有时候需要不辞劳苦跋山涉水，有时候会脚底一滑摔倒在雪地，有时候甚至会头晕目眩、筋疲力尽。但是，无论如何，我都没有停下前行的脚步。要抵达神秘的彼岸，触及真实的自我，就必须全力以赴。

女性追求自我圆满的旅途也大同小异。在这条路上，我们都只能脚踏实地一步步去尝试和争取，没有捷径可走。有些女性可能会觉得这条路很迷人，有些女性可能会认为那条路很精彩，但最终，我们其实需要把所有的路都走一遍。当然，男性走向自我圆满的旅程也是如此。但在这里，我谈论的是女性圆满之路，这是我最了解的领域，它与女性所处的文化背景息息相关。

女性就像水晶一样有多个切面，而她们经历各种生存模式走向圆满的历程正如打磨水晶的过程。在这趟旅程中，女性会尝尽酸甜苦辣，经历创伤、弥合、挣扎，不断滋生出新的力量，收获成长和进步。

同样，女性犹如水晶，各个切面相生相成、交相辉映，合力构成了女性力量的基石。而当今女性都应自觉转动自我的切面，尽力把优势展现出来，活出光芒四射的人生。

第三部分　疗愈

第九章　救赎之路

如果我们期望男性能够连接和展现其内在的女性特质，那么女性自然应该以身作则，用实际言行向男性展示什么是真正的女性特质。

——希尔德·宾斯万格[1]

我经常听到女性问："有女性勇敢追梦、无所畏惧的传说和故事吗？"那么，我们究竟到哪里可以找到女性成长的典范呢？在我个人的逐梦之路上，有一则故事让我受益匪浅。那是一则童话，讲述了一个勇敢的女孩历尽艰辛寻找药物医治其失明和多病的父亲的故事。凭借聪明、勇敢、善良的美好品质，她圆满地完成了救赎之旅，顺利帮助父亲恢复了视力，父亲也开始看见并重视女性的价值。最后，她还嫁给一个懂得欣赏她所有这些美好品质的男人。故事的背景设定在塔吉克斯坦（Tadzhikistan），这个国家南与阿富汗接壤，东与中国毗

---

[1] 女性心理分析师，著名精神病学家路德维希·宾斯万格（Ludwig Binswanger）的女儿。——编者注

邻，文化和语言都与波斯十分相近。这则故事名叫"勇敢的女孩"。

有个老头一直想要一个儿子，但妻子偏偏生了三个女儿。有一天，他病倒了，眼睛也看不见了。听说远方有一位神医有治愈失明的药物，他不禁哀叹自己没有儿子，无人能帮他寻来神药。很明显，他直接判定了女儿们无法完成这项任务。但是，大女儿主动提出想试一试，他还是同意了。于是，大女儿女扮男装出发了。路上，她遇到了一个病恹恹的老妇人，就随手送给老妇人一些食物。老妇人告诉她，没人能拿到那种药，那些先她一步尝试过的小伙子一个个都惨死了。大女儿一听，立马没了信心，转头返回了家中。二女儿不甘心，也想去试一试。尽管父亲极力劝阻，她还是套上男装，坚定地踏上了寻药之路。路上，她也遇到了那位老妇人，同样也给了她一些东西吃。老妇人告诉她此行机会渺茫，执意前行无异于白白送死。二女儿一听，勇气全无，也两手空空地回了家。父亲见状，连连叹气："哎！膝下无子，多么可悲！"

听到父亲的哀叹，小女儿心中一颤，立即恳求父亲也放她去试一试。父亲劝她，与其白白送死，不如安安稳稳地待在家里。但她执意要去，父亲只好同意。于是，她穿上男装，踏上了寻药之路。遇到老妇人后，她先是礼貌地问好，接着又帮她洗衣服，笑容满面地喂她吃东西。老妇人被她的乖巧和善良所打动，依然建议她留在自己身边或者干脆回家。老妇人心想，那么多高大威猛的男人都失败了，这个清秀、纤弱的小伙子肯定也不会成功的。谁知小女儿不听劝，坚决不肯放弃。看到她这么善良和勇敢，老妇人心一软，就告诉了她获取药物的方法。

听说，拥有这种药物的神医一直想得到一棵树的种子，那棵树结的果实药效很强大。但是，那棵树属于戴夫（Dev），一只三头恶魔。为了接近那棵树，女孩必须先讨好他养的动物和仆人，然后趁机在恶魔睡觉的时候摘一个果子。老妇人送给她一面镜子、一把梳子和一块磨刀石，叮嘱她一旦被戴夫追上，就将这些东西从肩头抛到身后。女孩来到戴夫住处，看到大门又脏又歪，就顺手把门擦干净后扶正了。进门后，她看到墙边拴着几只巨大的狗和马，但是，狗的前面放的是干草，而马的前面摆的却是肉骨头。于是，她把干草移到了马的旁边，把肉骨头放到了狗的旁边，继续往前走。接着，她遇到了几个女仆，看到她们的手臂被烧伤了，了解到她们在给戴夫烘烤食物时经常需要把手臂伸进炙热的烤箱。于是，她给这些女仆每人缝制了一条防护袖套，顺利地和她们交上了朋友。出于感激，这些女仆悄悄告诉她，那棵树上没有果子，戴夫的枕头下有一袋种子，提醒她如果戴夫的眼睛全部都是睁开的，那他就是睡着了，可以趁机拿走种子。有一天，女孩发现戴夫睡着后，立即拿走了种子，但是戴夫很快就醒了，他立即喊来女仆、狗和马去抓贼，命令大门立即关闭。然而，因为女孩帮助过他们，他们在那一刻都无动于衷。无奈之下，戴夫只好亲自去抓这个女孩。女孩把镜子从肩头扔到了身后，镜子变成了一条湍急的河流，挡住了戴夫的去路。但是，没过多久，他还是追上了女孩。女孩又把磨刀石抛到了身后，磨刀石立即变成了一座大山，挡在了戴夫的面前。等他再次追上时，女孩又把梳子扔到了身后，一片广阔的密林瞬间拔地而起。森林太大了，戴夫根本无法穿越，只好放弃了追赶。

最后，女孩终于来到了那位神医的家里。因为她手里有神医想要的种子，而且她用实际行动证明了自己是个"勇敢、无畏的小伙子"，神医就把治愈失明的药给了她，同时还给她留了一半治愈疾病的种子。女孩十分感激，连连道谢，神医还邀请她在家里小住几天。然而，神医的一个朋友开始怀疑她的真实身份，猜测她是一个女孩。神医不敢相信这个虎口夺食的勇士会是女儿身，朋友建议他验证一下。神医的儿子和这位"勇士"同住一个房间，神医听从朋友的建议在他们的枕头下都放了白菊花。那位朋友说：如果这位勇士是个女孩，那些花儿就会枯萎；但如果这位勇士是个小伙子，那些花儿就会鲜如初摘。女孩猜到了他们的意图，一整晚都没有睡觉。黎明前，她翻开枕头一看，花儿果然枯萎了。她连忙去花园里采摘了新鲜的菊花将这些枯萎的花儿替换掉了。神医早上前来查看，发现两束花都鲜如初摘。但是神医的儿子夜里目睹了这位客人所做的一切，十分疑惑，决定亲自护送这位客人回家，一探究竟。

女孩回到家时，父亲正沉浸在悲伤和自责中卧床不起，后悔不该让女儿去寻药。小女儿把药拿给父亲，父亲服用之后很快恢复了视力，其他的病也都跟着好了。她给父亲讲述了寻药的惊险历程之后，父亲喜极而泣，表示再也不会因为没有儿子而感到遗憾了。他意识到女儿设法治好了他的病，体会到一个孝顺的女儿完全可以顶得过十个儿子。神医的儿子看到同伴原来是个女孩，便向她表白和求婚。女儿告诉父亲自己假扮男人时与神医的儿子相交甚好，父亲听了满心欢喜。于是，这位勇敢而聪明的姑娘和那位神医的儿子步入了婚姻的殿堂，从此幸福地生活在了一起。

在这则童话中，患病、失明的父亲起初低估了女性的价值。虽然他很爱几个女儿，但他并不相信她们能走出家门寻得良药。女性精神的唯一代表人物是一个生病的老妇人，她知道如何寻药，但她认为没人能够成功，就算是勇猛的男人也只会白白送死。然而，三个女儿跃跃欲试。显然，这里有一个陷入困境等待救赎的父亲形象，只有女性能让他摆脱困境——老妇人知道方法，女儿们有胆识和魄力。

故事中，女儿们必须穿着男人的衣服才能外出寻药，这明显反映了社会对女性价值的低估和质疑。如果她们以女性的形象示人，极有可能一开始就败下阵来。曾经，在我们的文化中，女性解放的第一步就是学着像男性一样出人头地。在大多数职业领域，不论男女，都未能认可女性所能提供的独特价值。虽然大女儿和二女儿中途放弃了，但还是取得了一些进展。她们都怀着一腔赤诚之心跃跃欲试。老妇人先是告诉大女儿这个任务"不可能完成"，之后，她改变了措辞，告诉二女儿这个任务"异常艰难"。见到小女儿后，老妇人一开始也曾劝阻她，但最终还是和她分享了完成任务需要熟知的情况。在三个女儿的一再争取下，老妇人对女性力量的信心不断提升，最终她向小女儿慷慨分享了自己了解到的信息和自己的智慧武器。这个过程象征了女性在齐心协力争取认可和权利的过程中逐步取得的进展。虽然老妇人告诉小女儿如何获取良药时，小女儿依然是女扮男装，但她真正打动老妇人的是她乖巧善良和勇敢无畏的品质。在我们的文化中，这两种品质通常是对立的，前者多用来描述女性，后者多用来描述男性。小女儿集乖巧善良和勇敢无畏于一身，印证了这两种品质的可融合性。正是通过这种融合，她才摸索到了通往治愈之路的大门。

那棵结有治愈之果的树是属于恶魔戴夫的。为了获得治愈之果的种子，小女儿不得不直面这个极具杀伤力的男性形象所喷涌的怒火及其释放的威力。救赎父亲的路上似乎总要面对恶魔般的愤怒和攻击。这种愤怒和攻击有些源于自身，有些源于父亲自己未能处理和整合的情感。如果我们想要提升整个文化层面对女性需求和女性价值的认可，就必须面对并挑战传统的父权制男性（即父权制父亲）所表现出的愤怒和控制。然而，这位女儿从愤怒的恶魔那里夺取种子时并未发动正面攻击。她体贴、善良、乐于助人；她清洁大门（到达了通往外部世界的入口），喂养动物（体现出自己的女性本能），关心女仆烧伤的手臂（维护女性的价值）——所有这些都被恶魔忽视了。正是因为这个女孩率先帮助了他们，所以他们后来宁愿违抗恶魔的命令也要帮助这个女孩。这些也是父女关系中需要修复的领域。父亲没有帮助女儿搭建好通往外部世界的桥梁，这些女儿的本能被禁锢，未能得到应有的滋养，她们被贬低为仆人，被剥夺了闯荡世界的能力（手臂被烧伤）。细心呵护了大门、动物和女仆后，这个善良、勇敢的女孩成功地从恶魔那里夺取了果树的种子。恶魔企图追回那些种子，所以她还需要拼命阻止他把种子抢回去。现实中，许多女性都曾郑重其事地尝试过疗愈和突破自我，但在这个过程中，恶魔般的旧势力可能会再次冒出来打击她们。所以，她们必须竭尽全力守护好胜利的果实，以免复旧如初。为了躲避恶魔的追讨，老妇人赠送给女孩一些"武器"——镜子、磨刀石和梳子。镜子可使人看清自己的模样，磨刀石可用来磨锐工具，梳子可用来梳理头发、打造发型，形成视觉"框架"，展示和定义个人的形象和身份。对于有类似经历的女性来说，这些"武器"会激发出本能的力量，帮助她们抵御恶魔的攻击。

尽管这个勇敢的女孩从恶魔那里夺走了治愈之果的种子，交给了神医，换取了治愈父亲失明的神药，但要想拯救父亲，她需要通过一个测试。她现在和神医有了交集，但还不能向他坦白自己是女孩的事实。在成长的过程中，女性有时为了完成某些任务，必须展露出其内在的男性特质。在当时的文化背景下，这个勇敢无畏的女孩必须假扮男人，才能赢得世人对女性价值的认可。如果女孩在这个时候说出自己并非男性，可能就无法顺利完成治愈父亲的任务了。此前，父亲和主流文化都未曾关注到女性的胆识和才能，神医也不敢相信那个虎口夺食的年轻人竟然是个女儿身。女性在试图挖掘自身力量和才能时常常半道而止，比如，有些女性进入亲密关系之后，就会把新生的力量投射到伴侣身上,自己渐渐落得黯淡无光。神医的儿子后来成了这个女孩的伴侣,遇到他后,女孩也面临着类似的危机,但她警觉地避开了,并未在亲密关系中失去自我。故事借用花朵的凋零来暗示女性力量的脆弱和短暂,而女孩彻夜未眠,机智地在黎明前将凋零的花朵换成了鲜花,此举意味着女性应积极采取行动,证实女性力量和勇气并非过眼云烟、昙花一现,而是生生不息、源源不断的。神医的儿子目睹了女孩怪异的举动,想一探究竟,就决定陪她回家。女孩带着神药回到家,治好了父亲的眼睛。父亲喜极而泣,意识到自己之前低估了女儿们的实力。经过这件事之后,他终于看到了女性的价值,称再也不会因为膝下无子而感到遗憾了。神医的儿子本就对这位新朋友颇有好感,发现她是个女孩后,就立即求婚了。女孩告诉父亲自己与他情投意合,父亲欣然同意了这桩婚事。由此可见,女孩救赎了父亲之后,父亲看到了女性的价值,女孩也拥有了自由选择结婚对象的权利,她的婚姻并非基于主流文化对女性的投射,而是建立在深厚、融洽的感情基础之上,以男性对女性胆识的珍视为前提。女儿救赎父亲的举动,无论是在个人层面还是在文化层面,都会触发男性特质和女性特质的完美融合。经历了内在男性特质与女性特质的完美融合,这个女孩终于可以坦然地以真实的女性形象示人,充分展现其作为女性的力量与风采!

　　这则童话故事刻画了女儿治愈父亲病痛的一种方式。在为父寻药的过程中，女儿与内在的力量和勇气建立了深度的连接，激活了自己的女性精神，并与一名男性进入了美好的亲密关系。那么，这种救赎的经历会对个人和文化产生什么影响呢？

　　在个人层面，救赎或许只存在于内心世界，因为有些父亲已经去世，而有些父亲不愿接受新的关系模式。但无论如何，救赎父亲的任务都意义非凡。舞台剧《歌不为父唱》（*I Never Sang For My Father*）的主角就曾说过："死亡终结了生命，但并未终止关系。"所以，不管在什么情况下，我们都需改善与内在父亲的关系，否则，旧的破坏性关系模式将会继续左右我们的生活。在改善关系的过程中，一方面，我们需要认清这些破坏性关系模式以及它们对生活的影响；另一方面，我们需要看到父亲的价值。如果一个人未与父亲的积极面建立连接，那这个人就会发自内心地排斥这些积极的品质，造成自己心理缺失，甚至摧毁自己的生活。在文化层面上，若要救赎父亲，同样需要看到父亲的积极面和消极面。同时，我们还需要改变文化中的主导原则，确保女性和男性都能得到重视，并能在社会中平等地发挥影响力。

救赎父亲一直是我个人和精神成长中的核心课题。问题重重的父女关系把我的生活搅得千疮百孔，我不能正视自己的女性特质，很难与男人建立健康的亲密关系，不敢放松嬉戏，一直压抑着自己的性欲，无法施展自己的创造力，无法信心满满地行走于世。作为一名心理治疗师，我发现，所有在父女关系中受伤的女性都有必要与父亲重建关系模式。如果上升到文化层面，我甚至认为这是所有女性的共同课题，因为女性需要齐心协力改变与"文化父亲"的关系模式。

对我而言，救赎父亲是一个漫长的旅程。接触荣格心理分析之后，我正式踏上了这条路。当时，我遇到了一位善良的女分析师，她给了我很大的支持，温柔呵护我不断涌现的新能量。在她的帮助下，我闯入了一个新的领域——梦境分析。通过梦境分析，我在自己身上看到了之前未曾察觉的特质，我也重新认识了我的父亲，那个我早就拒之于千里之外的父亲。我发现自己内心深处不仅有记忆中的生物学父亲，还有各种各样的父性人物和原型父亲的形象。原来，我心中的父亲形象竟然如此立体和丰富，这个发现把我吓了一跳，但也为我点燃了新的希望。我的自我认同和自我认知瞬间崩塌了。我惊觉自己身上存在着一种超出自我认知的强大的力量。我曾经试图面面俱到地掌控自己的生活和周围的一切，但这种力量碾碎了我的野心，就像雪崩改变了高山的面貌。我知道，这种力量注定要左右我的生活，于是我开始学着认同和接纳它。

　　疏远父亲的同时，我其实也在排斥自身的力量，因为我不光否定了他所有的缺点，也否定了他所有的优点。我谴责了他的失职和任性后，自己也丧失了创造力、率真的个性和女性特有的感受。我的梦境不断地提醒我这一点。有一次，我梦到父亲非常富有，甚至还拥有一座宏伟壮丽的藏传寺庙。还有一次，我梦见他当上了西班牙国王。梦里的父亲与现实中那个贫穷、堕落的父亲相去甚远。此外，我的梦境还揭示了我在否定自己的能力。有一次，我梦见一只会魔法的狗赋予了我变出魔法蛋白石的超能力。我成功变出了蛋白石，先是捧在手心爱不释手，后来却把它们全部送人了，一个也没留。在另一个梦里，有位冥想老师对我说："你很美，但你自己却不知道。"还有一次，我梦到一个声音对我说："通往内在自我的钥匙就在你手中，你一定要拿好它。"但是，我一下子醒了，惊恐万分，尖叫着不想承担责任。讽刺的是，虽然我一直批评和憎恨父亲太不靠谱、白白糟蹋了自己的潜力，其实我自己也在做着同样的事情。我未能充分珍视自己的价值，也未能扛起自己的责任。有时，我表现得像个自卑、懦弱的"永恒少女"，只顾着取悦他人；有时，我又表现得尽职尽责，像个全副武装、战功赫赫的"亚马孙女战士"。

因为排斥父亲，我的生活变得支离破碎，内心几个意见相左的人物各不相让，个个都想大权独揽。情况愈演愈烈，我逐渐走向了崩溃的边缘。但是，很长一段时间，我都不敢松开这些你争我夺的人物，任由他们融为一体，化作更高级的存在。虽然我知道它将成为我内在力量的基石以及我存在于世的神秘根源，但我还是非常忐忑，更没想到它后来竟为我的疗伤之旅提供了源源不断的能量。当时，面对这股神秘的未知力量，我的焦虑发作了。因为我不愿意主动跳出旧有的生活模式，不愿意敞开心扉接纳更强大的力量，这股力量就将我扑倒在地，对我横眉立目。它突然出现在我的眼前，反复敲打我的心灵，把我从旧有的模式中唤醒，就像用闪电撬开了一只攥紧的拳头。我意识到自己无路可逃，内心陷入一片荒芜。不知道父亲是否也有过这样的体验，也不知道他酗酒是不是为了逃避这种感受。或许是因为他不敢直面那股高级的灵魂力量，为了麻醉自己，就让"酒精之魂"趁虚而入、取而代之，甚至与之对抗，毕竟这两股力量势均力敌。自从父亲肆无忌惮地沉溺在酒神狄俄尼索斯的王国后，我全盘否定了他的优点和缺点，所以我需要放下芥蒂，重新正视那些被我否定的品质。要做到这一点，我必然会经历一些消极的体验，陷入难以抑制的情绪和冲动，坠入埋着宝藏的深渊。为了救赎父亲，我必须进入内心的阴暗面，正视那些被我否定的部分，珍视那股高级的灵魂力量。荣格的心理分析助我收获了以上感悟，而写作则进一步深化了这些感悟。

写作是我救赎父亲的一种方式。从小，我就想成为一名作家。将内心的想法付诸笔端需要十足的自信和勇气。文字承载了作者的立场，文字的力量取决于执笔者的思想厚度。为了写好这本书，我需要专注并深入分析我与父亲的关系。我不得不认真地了解他，试着站在他的立场去解读他的故事，体会他的渴望与绝望。我再也无法将他从我的生活中抹去，正如我根本无法擦除自己的过去和他在我生命中留下的印记。同时，我也不能简单粗暴地把自己所有的困扰都归咎于他。写作的时候，我经常会陷入与父亲四目相对的错觉。因为父亲背负着我的阴暗面，我的阴郁、丑陋和不堪与他如出一辙，直面父亲对我来说犹如油煎火烤一样难熬。然而，奇怪的是，那些阴暗面竟然也是光明和希望的源泉，因为阴暗面并非漆黑一片，里面还有一道道奇特的力量之光在闪耀。同时，我还感受到了他作为男性的独特能量。在我直面父亲，提笔开始写这本书之后的第二年，有一天，我做了一个梦：

我梦见了一片绚丽的罂粟花田,红色、橙色和黄色的花儿在阳光的照耀下分外明艳。我的心理分析师如母亲一般温暖宽厚,那一刻,我多希望她就在我身边,和我一起欣赏这般美景。我穿过罂粟花田,蹚过一条小溪,不知不觉就来到了幽暗的冥界,和许多男人在宴席上把酒言欢。酒杯缓缓而至,我决定取下酒杯再饮一杯。男人们见状纷纷举起酒杯,深情款款地祝我身体健康。那一刻,我感到有一股暖流涌入心田,整个人顿时容光焕发。

这个梦标志着我开始直面自己的阴暗面。我离开了母亲精心呵护的光明世界,进入了父亲兼情人所处的黑暗世界。但在黑暗世界,我竟然也得到了祝福。当然,这个梦境涉嫌乱伦,但这种体验对我来说不可或缺。美国心理学家科胡特(Heinz Kohut)[1]认为,父亲要先允许女儿将自己视为完美的典范,然后再逐渐让她发现自己的缺点和局限,但不论女儿是否将他视为完美的榜样,他都应不离不弃地陪在女儿身边。当然,女儿往往是带着满腔的爱意将这种完美形象投射到父亲身上的。在我个人的成长之路上,这种爱意后来演变成了恨意,导致我全

---

[1] 海因茨·科胡特,自体心理学创始人,曾任芝加哥大学教授、美国精神分析协会会长。——编者注

盘否定了之前曾投射在父亲身上的所有完美幻想。我必须重新去爱父亲，这样才能重新接纳和欣赏他积极的一面。我必须学会欣赏父亲风趣、率性、迷人的一面，但也要认识到这一面并非完美无瑕，我还需要认真思考如何在我的生活中发挥出这些特质的积极作用。欣赏我理想中的父亲形象有助于我更好地欣赏和成为理想中的自己。如此，我先是认识到了父亲的价值，随后意识到这些价值同样存在于我自己身上。这一发现打破了我们之间潜在的过度依赖关系，我终于摆脱束缚重获自由，成功与我内在的更高力量建立了连接。

有些女性是因为在其他方面与父亲关系不睦而遭受创伤。对她们来说，救赎的细节可能会有所不同，但核心问题并无二致。要实现对父亲的救赎，就必须看到父亲身上那些不易被察觉的优点。比如，那些勇于反抗父亲专横控制的女儿可能会不太容易认可自己的力量，通常只会迎合或反抗，因此，她们需要认清自己的责任，珍视自己的权力和力量。她们需要认识到界限的力量，清楚边界的位置，努力在界限范围内做到最好，知道适可而止。她们需要知道什么时候该拒绝，什么时候该接受。这意味着她们需要在现实生活中有切实的理想，清楚自己的不足和环境的局限。用弗洛伊德的专业术语来说，就是她们需要与"超我"建立积极的连接，"超我"即内在的道德感以及基于责任感的判断和决策。如果来自"超我"的声音是建设性的，既不太挑剔、严苛，也不太包容，她们对所见所闻的人和事就能保持客观的立场。对此，有位女士曾这样描述："不管我表现如何，我都希望听到来自内在父亲的温和、有爱的反馈。"这方面的救赎意味着将内在父亲从眼里容不得沙子的严苛法官或为人开脱、帮人自圆其说的辩护律师，转变为友善、公正的仲裁者。完成这种转变后，女性就能在内心形成客观的自我评价，不再依赖外界的认可。她们不再承载主流文化的失当投射，能清楚地认识到自己是谁，发挥出自己真正的潜能。在文化层面上，这种救赎意味着人们开始尊重和重视女性，支持她们摆脱大众的期待，活出真实的自我。

有些女儿与父亲关系"过于融洽"，但这样的父亲其实也有暗角需要被照亮。如果父女关系过于融洽，女儿极易过度美化父亲，不停地将内心幻想的完美父亲形象持续向外投射到父亲身上。她们大多难以与其他男性进入亲密关系，因为在她们的眼中，别的男人都比不上自己的父亲。这些女儿与父亲过于亲密，父亲就像"幽灵情人"一样时刻萦绕在她们身边。（父亲缺位时，女儿一般会无意识地美化父亲，在心里虚构出理想化的父亲形象。）父女之间过于融洽的关系会切断女儿与男性的真实连接，甚至会限制女儿的事业发展空间。因为她们把外在父亲看得太过完美，很容易忽略自己对社会的价值。为了照亮内在父亲的暗角，她们需要承认外在父亲的缺点和不足。只有将父亲视为真实的凡人而非虚构的完美形象，她们才能接纳和内化父亲原则。

从很多角度看，动画电影《美女与野兽》（Beauty and the Beast）讲述的就是这样的救赎故事。女主角深爱自己的父亲，她想要父亲送她一朵玫瑰花，父亲竟然去野兽的花园里偷偷摘了一朵。为了救出父亲，她答应留下来与野兽同住。起初，她非常害怕，整日提心吊胆。后来，她发现了野兽美好的一面，爱上了野兽。她亲吻了野兽，野兽变回了王子，父亲也成功得救。

女性救赎父亲的终极目的在于重塑内在的男性形象，学着像父亲一样精心培养自己的内在男人。女人理想的内在男人不应该是"变态老头"或"愤怒、叛逆的男孩"，而应该是善待女性的"温暖、有爱的男性"。

在文化层面，女性也肩负着同样的使命。她们需要看见父亲原则的价值，也需要认识到它的局限。在完成这项使命的过程中，女性还需要学会辨别哪些特质对父亲来说是必不可少的，哪些是主流文化强加给他们的。通常，父亲原则表现为两个相互冲突的对立面：一面是刻板、传统的独裁者，另一面则是玩世不恭、缺乏责任心的"永恒少年"。西方文化立场鲜明地认可和接受了父亲专横、霸道的一面,压抑和贬低了他们松弛、幼稚的一面。这种价值取向导致《伊菲革涅亚在奥利斯》中的情节在现实中一再重演。霸道无礼的专权者(阿伽门侬)决定牺牲女儿,而这场悲剧则是由阿伽门侬那玩世不恭的兄弟(墨涅劳斯)沉迷美色所引发的。兄弟二人从表面上看并不属于同一类人,却在无意中为了各自的私欲合力牺牲了阿伽门侬的女儿——一个羽翼未丰的年轻女孩。如今,女性必须直面父亲原则的割裂局面,努力改善和修复这个问题。从这个角度看,为了救赎父亲,女性可能需要"重新美化"父亲,即从女性的角度重新幻想理想父亲的模样和言行。我对伊菲革涅亚比较失望的一点是,她最后是自愿赴死的。父亲陷入进退两难的境地,决定牺牲她的性命。事已至此,似乎无可挽回。其实,她也可以凭借女性的直觉和自己的智慧向父亲提出其他的解决方案,从意识层面去改变男性的做法。但是,她并没有那样做。时至今日,女性也只是刚刚迈出了这一步,开始公开分享自己的感受和幻想。女性需要讲出她们心中的故事,告诉男性她们对男性的期望。她们需要基于自己的真实感受发声,而不是为了迎合男性的凝视来调整或掩饰自己的感受。但是,在为自己发声时,她们应抱着唤醒共鸣的心态去分享自己的经历,而不要带着受害者的情绪去抱怨过往的遭遇。时至今日，依然有女性困在现实的牢笼中，看不到自己的发展空间，苦涩难言、怨气满腹。对于这些女性来说，若想走上自我救赎之路，可以参考"永恒少女"的做法，尽情发挥自己的想象力，试着改变看待事物的角度和做事方式，同时重新评估女性的价值。有了这种新颖的立场和态度之后，如果她们还能像"亚马孙女战士"那样强大、坚韧，那么她们自然会改变对父亲的看法和感受。

最近，我请一个班的学生写一写他们心目中的理想父亲。这个班大部分是20多岁到30岁出头的女生，也有几个男生。我汇总了一下，发现她们希望父亲不仅要强大、稳重、可靠、活力四射、勇敢无畏；同时还要温暖、有爱、善良、温和、体贴、周到。他们幻想中的父亲其实是雌雄同体，即兼具男性和女性特质。

其中，呼声最高的要求是希望父亲能引导她们在外在世界和内心世界的成长，但不要通过说教或命令的方式进行。她们认为父亲应该通过"引导和教导，而非强迫和说教"，帮助她们确立自己的边界、形成处世原则和价值观，在自律和玩乐之间找到张弛有度的平衡点。她们强调父亲要以身作则，在工作、创造力、社交、道德和亲密关系等方面展现出自信、诚实、才识、专长、勇气、忠诚、爱心、善良、体贴和豁达，成为她们能触及的成年人榜样。同时，父亲也明白自己所持的价值观只是个人看法，不会把它强加给自己的女儿，也不会把它视作"唯一真理"。作为人生向导，他会给予女儿适当的关心和建议，也会鼓励女儿独立自强、自行其路。比如，他会鼓励和指导女儿自己理财，也会支持女儿追求自己的职业梦想。他能够认可女儿的实力、美貌、智慧和才能，会发自内心地为女儿感到骄傲。但他不会把自己未能实现的愿望投射到女儿身上，也不会过度依赖或过度保护女儿。相反，他会把女儿视为独一无二的存在，尊重她的人格，但不会期望她承载任何超越年龄的责任。在女儿的成长过程中，每当女儿需要他时，他总能敏感地捕捉到女儿的需求，及时提供情感支撑。他特别了解自己的女儿，总是可以把握时机向女儿提供恰到好处的保护和引导。当女儿羽翼丰满、趋于成熟时，他会找准时机，及时调整自己的角色，得体地退出女儿的部分生活，学会像朋友一样尊重与关心女儿。在之后的日子里，他也乐意并能够向女儿学习各种新鲜知识和技能。不管什么时候，父女俩都能够互相倾诉和倾听彼此的心声，分享所见所闻并相互学习、共同成长。

这些女儿都十分看重父亲是否有自己的生活，是否有自己的兴趣、爱好，是否能够自得其乐、变着花样享受人生。她们希望父亲的日子整体过得舒心、惬意，但也希望他们能时不时遇到一些小挑战，这样父亲就能不断打磨自我，成为坦然自若、有条不紊、踏实稳重、温暖可靠的男人，而且能够敞开心扉表达自己的感受和需求。她们认为，理想中的父亲还应该在情感、身体、才识、创造力和精神层面全面地照顾好自己。他们只有先照顾好自己，才能照顾好女儿。她们还认为，理想中的父亲应该能够在需要帮助的时候大方地寻求帮助，能够坦然地表露自己的脆弱，能够真诚、真实地对外表达自己的感受，而不是强压着自己的感受，沉溺于焦虑和担忧之中，或者动不动就情绪爆炸。此外，她们认为父亲还应该能够接受女儿给予的关爱。

还有一个观点值得重点阐述，那就是父亲应将自己的情感需求寄托在妻子身上，而非女儿身上，这样女儿就不必错位地充当父亲的情感支柱，也就可以自由地活出自我了。如果父亲能够尊重母亲，将她视作强大、独立、能干的伴侣，而不是将她视作女儿，粗暴地掌控她的人生，也不是将她视作母亲，对她言听计从，那么他就相当于为女儿树立了一个良好婚姻关系的榜样，展现出了男女之间应有的尊重。这样的父亲可通过与妻子的相处点滴向女儿展示男人与成熟女人的相处模式。

父亲还应亲力亲为给女儿搭建一条通往健康的两性关系的

桥梁。父亲可通过优质的父女关系向女儿展现一种与异性（男性）相处的安全、稳定的关系模式。适当的时候，他应该大方欣赏和认可女儿的独特之处和女性气质，哪怕他采用的方式是无伤大雅地和女儿调笑打闹。如果他对女儿没有非分的占有欲，还积极支持她尝试与别的男性交往，那么他就能帮助女儿在两性关系中迅速地成长起来。

此外，这些女性还希望父亲能与自己的内在小孩相处融洽并具有一定的幽默感。她们希望父亲能够和女儿愉快地玩耍，积极参与女儿的生活，但自己不要一直像孩子一样幼稚。最重要的是，父亲要诚实、可靠、守信，能在女儿需要他的时候及时出现，要能让女儿相信他永远值得信赖。

如果我们期望父亲能将所有这些美好的品质集于一身，那肯定是不现实的，或许只有超人才能做到。但其实，这些女儿也并未奢望她们的父亲能成为"完美无瑕的圣人"。有一位女士就认为："父亲也只是个凡人，他也有权释放自己的喜怒哀乐。如果他有什么不懂的，他完全可以大方承认自己不懂。"看了别人描述的理想父亲后，她直呼："这太理想化了。我看着都很有压力。"此外，还有女士表示自己虽然拥有一个"完美的父亲"，但成长之路却并不顺利。因为其他男人都不如父亲对她好，所以她很难接受其他男人，每一段恋情都觉得差了点什么。她坦言："父亲经常鼓励我，夸我无所不能。有时我也会盲目自信，把那些话信以为真。"

若想救赎父亲，女儿们还需要找回自身的女性特质，真正接纳和欣赏自己的那些特质。有些父亲之所以在现实中处处碰壁，就是因为他们未能与女性建立真正的连接。他们要么选择成为刻板的父权主义者，切断了与女性的连接，贬低女性的价值；要么像"永恒少年"一样失去了生活的自主权，十分被动。前者无视女性的力量，而后者则把女性奉于神坛之上，一边高估她们的力量，一边竟也在贬低她们的真正价值，甚为矛盾。

如果女性真的认可自己的价值，能从自身的需求、感受和直觉出发，走适合自己的路，利用好自己的力量，那么她们就能理直气壮地与男性展开平等、真实的对话。这样的女性既不屈从于男性，也不效仿男性。对于女性来说，珍视真正属于自己的东西并非易事，因为那意味着女性要以真实的自我直面主流文化。"永恒少女"一般是通过接受他人的投射来认同大众对女性的定位，进而迎合他人的期望；而"全副武装的亚马孙女战士"则会通过效仿男性，隐晦地接受男强女弱的定位，于无形中贬低女性的价值。

那么，女性的价值究竟是什么呢？据我了解，当今的女性

第三部分 疗愈

仍然存在这样的疑问。为了求一个答案,她们苦苦寻觅、密切探讨、各抒己见。许多女性感受到了女性的价值,却无法用恰当的语言来表达,因为我们的语言和观念都是基于男性的视角。因此,女性的救赎之路目前仍荆棘满目。但是,不少女性都已经踏上这条道路,至少有人已经行动起来了!正如穆里尔·鲁凯泽(Muriel Rukeyser)[1]在她的诗歌《凯绥·珂勒惠支》(*Kathe Kollwitz*)[2]中所表达的那样:

如果女性将自己真实的生活公之于世,
会引发什么反应?
整个世界将会地动山摇。

---

1 美国著名女诗人。——译者注
2 德国表现主义版画家和雕塑家。20世纪前半叶德国左派艺术家代表人物之一。——译者注

第十章　发现女性精神

如今我们一边书写着女人和怪物的故事，

一边仍在内心深处搜索着那晦涩的答案，

依然盼着能用我们的双手，

倍加温柔地、小心翼翼地触碰那片炙热的沙漠。

能通过我们的作品，

追求更加纯粹的人性，

抵达灵魂的深邃之地，

在那里，

女人可以为自己写诗；

在那里，

恋人们的目光清澈明亮，

花果在暖阳下自在生长，

万物都无需做出牺牲和让渡，

人人心智清明，

第三部分　疗愈

处处洋溢着热烈的女性力量。

——梅·萨藤（May Sarton）[1]

刚开始落笔写这本书时，我以为写下"救赎之路"这一章，多年来积压在我心中的创痛一定会随之弥合。我满心希望那些创痛能就此从我的记忆中消失。然而，真的写下这一章时，我所憧憬的效果都没有出现。相反，我感受到了更多的痛苦，伤口似乎也更深了。我心里的那根弦绷得越来越紧，悲伤和愤怒的情绪更是溢于言表。猝不及防地，我又一次陷入父女关系的创伤困境。

我的内心混乱不堪，但还是继续写着"救赎之路"那一章（当时，我计划将"救赎之路"作为本书的最后一章）。其间，我做了两个梦。第一个梦出现在我开始写那一章的一两天前。那个梦非常可怕，醒来后，我哭了几个小时，心情才平复下来。梦里，我的第一位女分析师去世了。她于我亦师亦母，是我最喜欢的一位女性。她从欧洲派了一名女信使，带给我三件礼物。其中，最贵重的当数那只金色马桶，马桶个头极大，而且是手工雕刻的，乍一看更像圣杯。我当时打算把这件精美

---

[1] 美国颇有声誉的日记体作家、小说家和诗人。——译者注

的礼物摆放在客厅。她还委托信使带来几张我自己的照片,那些照片都是我首次接受心理分析时拍的。第三件礼物是一些剪报。我无法接受这个噩耗,一边抽泣,一边喃喃自语,"这不可能,我的分析师不可能死的"。我挣扎着想打电话到瑞士去核实,但这个梦境不断地重演,我根本找不到机会。

惊魂未定之时,我忽然意识到了这个梦境的象征意义。梦中亦师亦母的女分析师的去世,是在提醒我学会独自一人面对世界。她给我留了几件礼物。那些照片是在提醒我记住自己最初接触心理分析时的样子;新闻剪报报道了过往发生的事件;酷似圣杯、重工雕刻的精美金色马桶是她所能给予我的最好的礼物,象征着"高贵与低俗的融合"。我的精神分析师接纳和包容了我真实的模样,做我的榜样,鼓励我从自己身上寻找出那些曾经被我否认的部分——我的愤怒和眼泪,教我试着去认可和包容那些特质,同时也让我看清了自己一直在压抑着学习父亲的优点的渴望。梦里,我打算郑重其事地把这件礼物摆放在我家的核心区域——客厅,而不是随手塞到哪个不起眼的角落。这点足以表明,这份礼物对我意义非凡。我认为,这个梦境是在提醒我打磨和丰富自己的女性精神。

第二个梦境出现在我生日那天,就在我写完"救赎之路"那一章的几天之后。在那个梦里,我请了另一位女分析师帮我剪发、烫发，希望能让头发看起来丰盈浓密。那段时间，她是我的心理分析师。我认为，这个梦境是在鼓励我塑造女性身份，巩固和强化女性身份，并赋予它更丰富的内涵。

救赎父亲并非女性自我疗愈之路的终点。我的梦境揭示了，女性完成自我疗愈的关键不在于男性，而在于女性本身。救赎父亲的悖论之处在于女性最终必须放弃将女性精神投射到父亲身上，转而回归到自己身上找寻这种精神。也就是说，救赎父亲其实就是在自己身上寻找女性精神！

我突然意识到，在我治愈创痛的模式中，有一部分是基于男性普遍认同的线性概念，即进步就是沿着一条笔直的线稳步前进，最终到达一个明确的终点。但是就我的实际经历而言，转变的进程大多是呈螺旋形的，时而前进，时而折回。过往的伤痛和冲突就曾反复地在我的内心翻涌，而且一次比一次强烈，我无力阻止。但是，这些创痛持续的时间却一次次缩短，而且我消化这些痛苦的能力越来越强，勇气越来越多。

罗伯特·勃莱在其诗歌《悲伤的价值》（"What is Sorrow For"）中就探讨了这种痛苦的价值：

悲伤的价值是什么？
悲伤是一个仓库，

里面存满了小麦、大麦、玉米和眼泪。

人们踏上圆石头才能走近它的那扇门。

仓库喂饱了世间所有悲伤的鸟儿。

我自言自语道：

你以后也会陷入悲伤吗？

没事儿，先开心享受秋天吧，

学着坦然面对一切，对，波澜不惊、心平气和，

你甚至可以在悲伤的山谷里淡定地舒展翅膀。

我的悲伤确实犹如一个仓库。伤痛每复发一次，我的感受就深刻一点，但同时我也会变得更加包容、随性和舒心。每经历一次伤痛复发和情绪平复，我的内心就会多一份自洽。赛姬的第三项任务——从由最高的山顶流向最低处的冥界的冥河中取水，就是我如今生活的真实写照。正如我曾经尊崇为"精神之父"的哲学家海德格尔所说，人类的存在图景是呈环形的，但我们在实际生活中以时钟时间来管理生活。然而，我们都知道，我们所体验到的时间本质上并非线性的。如果你去听精彩的交响乐、与爱人约会、看戏剧或做任何我们能沉浸其中的事情，即使只是一个小时，你也会感觉时间特别充实和丰盈。反之，如果你去听无聊的演讲或参加无关痛痒的活动，哪怕只

有五分钟，你也会觉得时间无比的漫长。海德格尔认为，时间一直呈螺旋状不停地前进。未来不断地向我们靠近，而在当下的每时每刻，它都会与我们的过去相遇。每经历一次这样的循环，我们都会进入一个神秘的未知层面。我们必须承着过去，才能向着未来。

我原本以为，只要我踏踏实实地按照某种顺序一步步地来，就能一点点摆脱伤痛。了解到疗愈的进程也会呈现千回百转的趋势后，我如释重负地放下了之前那些过于理想和刻板的预设，开始以更全面、更柔和的眼光看待自己和自己的人生历程。我记得，那段时间，为了疗愈我在父女关系中所遭受的创痛，寻求转变之路，我还用《易经》算了一卦，得到的卦象是"革"（卦四十九），而第二爻转到了卦十八——"蛊"。蛊卦提到了革除父辈留下的弊乱。确实，这正是我应该去做的事。

"革"卦强调关注时令的变化，呼吁"君子以治历明时"。从这个卦象中，我悟到了遵循自然规律的重要性，意识到在疗愈父女关系中的创伤、找寻女性精神时，也要把握时机、因时制宜。

这意味着，我们必须从内心深处真正地接受季节的轮回。写到此处，我这里已进入深秋，最近的天气温暖宜人，好似最美好的春三月。但是，我们都清楚，万物沉寂、天凝地闭的日子已经在向我们招手了。很快，我们会再次堕入黑暗，等待重生。凛冬将至，是时候承认室外寒冷难耐并顺势进入室内开启冬眠和等待模式了。关于重生，虽然我们不一定胜券在握，但我们至少可以通过这种方式在黑暗中坚持下去。有时候，我们甚至可以感受到新的生命力量在涌动，但我们谁也说不准它究竟能否成功诞生。身陷寒冬，我们必须接纳"自己有所不知"，承认"前途未卜"，相信万物自有其道。终于，春天来了，万物复苏、新芽初绽。这个季节生机盎然，似乎无人不爱。但其实，春季是自杀高发期。如果一个人未能以恰当的心态度过冬天，处处与冬天对抗，无法理性看待生死枯荣，或者深陷在凛冬的消极体验中无法自拔，忘却了四季更迭的自然规律，那么这个人极有可能无法接受新鲜事物，害怕面对变化，宁肯故步自封、愁眉蹙额。许多女性蜷缩在抑郁和绝望的泥潭里，蹉跎了一年又一年，却从不考虑打开视野、活出新的可能。她们害怕融入广阔的世界，甚至不敢走出去闻一闻春天的花香。春天充满了无限希望，踏入春天后，我们要精心呵护这些希望，像照顾小幼苗一样给它们浇水施肥，陪伴它们成长。接着，夏天来了。那些在春天冒出来的希望都长大了，一个个结出了现实的果子，这时候我们要保护好这些果实，畅快地享用这些果实。在我看来，广大女性面临的核心任务是：做完整的自己，拥抱自己的美好与不足，接受生命中如四季轮回般的变化和挑战。创痛既然已经存在，那它就是我们生命中的一部分。我们必须学着接纳它、与它共存，同时努力寻找新的治愈契机。要做到这些，我们就要积极地付诸行动，主动探索自己的内心世界，倾听并说出我们女性的感受和体验。

在《勇敢的女孩》这则童话中，女孩为了得到治愈父亲失明的神药，必须穿上男装。这个情节让我感触颇深。还有一些女英雄，例如圣女贞德，也认为必须女扮男装才能实现自己的目标。有意识地穿上"男装"与无意识地穿上"亚马孙盔甲"的意义是不同的。因为如果一位女性有意识地伪装了自己，那么她也可以有意识地卸掉那层伪装，恢复真正的自我。有时候，女性若想走向广阔的世界，获得世人的认可，就只能穿上男装来保护自己。写到这里，我想到了罗瑟琳（Rosalind），莎士比亚的戏剧《皆大欢喜》（*As You Like It*）中的女主角。她的叔父篡夺了她父亲的爵位并赶走了她的父亲。为了免受叔父的迫害，她不得不女扮男装。后来，她选择继续女扮男装，是为了看清奥兰多（Orlando）的爱意有几分真诚。自始至终，她都没有试图通过接受奥兰多关于女性的投射来勾引他。女人伪装成男人，就可以亲身体验到其暧昧对象会如何从朋友的视角看待她并与她相处。同时，她还可以看到，抛开社会对女性的偏见和刻板印象，主流文化会如何看待她的才识和业绩。正如罗瑟琳准备穿上男人的衣服时所说：

> 唉，像我们这样的姑娘家，走那么远的路，该是多么危险！美貌比金银更容易引起盗心呢。
> ……
> 我的身材特别高大，我就索性穿得像个男人岂不更好？大腿上挂一柄威风凛凛的短刀，手里拿一柄刺野猪的长矛；心里尽管隐藏着女人家的胆怯，也要在外表上装出一副雄赳赳气昂昂的样子来，正像那些冒充好汉的懦夫一般。

虽然我将此视作女性争取解放的必经之路，但我也觉得，现在的女性应该穿上自己的衣服，大方袒露她们作为女性的智慧和力量了。女性特质究竟是什么？我们其实也无法定义。但我们可以充分地体验它，并尝试通过代表人物、意象或艺术形式来展现它，进而描述它。最近，一位女士告诉我，她有生以来第一次体验到了什么是女性特质，却无法描述那种体验。她也没有想到合适的文字和意象。但这丝毫没有削弱那种体验的价值、深度和存在感。当今社会，女性不仅要积极体验女性特质，还要尽力用自己的方式将其表述出来。这对我们女性来说是一大挑战。

最近，我要求我执教的一个班描述她们对女性精神的印象和体验。本学期早些时候，这个班的学生曾描述过她们对理想父亲的幻想。描述理想中的父亲对她们来说并不难，而且她们给出的答案惊人的相似。但一到描述女性精神，她们就犯了难，而且大家的看法各不相同。唯一的共同之处就是，那些女同学一致认为自己的母亲不是可供参考的典范。无奈之下，她们只能回归到自己的内心，试着从自己过往的体验和感受中探寻答案。

女性开始意识到，男性一直在试图定义女性，或通过有意识的期望，如女性能做什么、不能做什么，或通过无意识的投射。这些做法不仅扭曲了大众对女性的认知，还扭曲了男性的内在女性特质。作为女性，我们首先需要识别出这些定义和投射，指出哪些是恰当的表述，哪些是偏见和误解。在这个过程中，男性也可以助得一臂之力。因为如果他们能感受到女性特质，愿意接纳女性特质，能够敞开心扉倾听女性的心声，他们就能基于自己的感受和体验帮助我们丰富对女性特质的理解。

诗人里尔克对女性世界的感受力非常强，很久以前就注意到了女性精神中各种独特的力量和品质。不过，归根结底，我们还是得让女人基于自身的经历和感受，参考普遍的体验，亲口讲述属于她们自己的故事。

当女性开始感到自信，能列举出自身存在的价值时，她们也就同时拥有了治愈男性的力量。男性、女性的内在男性，以及主流文化中的男性形象之所以会经历创痛，皆是因为未能处理好与女性特质的关系。下面是一位女士所做的梦，这位女士曾在父女关系中受到过伤害。

> 我是一家医院的护士，负责照顾一名卧床的患者。那名患者是位男士，非常迷人。他没有左臂，但一点也不像残疾人，反而显得魅力十足。顺着他一步步的指引，我成功给他装上了一条胳膊。那一刻，我感受到的只有暖暖的爱意。醒来后，我觉察到自己的内心完满而充盈。

这场梦境向这位女士揭示了其治愈内在男性的力量。她曾在父女关系中受到过伤害，因此很难与男性建立健康的关系。但她其实一直拥有治愈这一创伤的内在力量，只是需要她的内在男性和她一起共同努力来激活这种力量。

另有一场梦境揭示了女性特质在个人层面和文化层面皆可治愈男性内心创伤的力量。这是一位男士所做的梦。这位男士温柔敦厚、善解人意,极度欣赏女性和自身的女性特质。这场梦境从原型层面揭开了男性的创伤及其对文化的影响。

梦里,我正要前往一个黑发女人的家中。我与她素不相识,只是一时冲动,意乱情迷。她一打开门,我就眼前一亮,认定她与众不同,感觉可以从她身上学到不少东西。但我却只问了能不能和她上床。她无奈地看着我,那眼神好像在说:"好吧,如果你脑子里就只有这事的话。"接着,画面一转,我出现在肯尼迪总统的葬礼上。他的四肢已被分解,尸骨一块块散放在棺材里。突然,黑发女人一个箭步走上前去把他的四肢拼接回他的身体,他瞬间又活了过来。

这场梦境揭示了这位男士内心的创伤。陌生的黑发女人象征着女性特质的治愈力量。起初,这位男士并未意识到这种力量,囿于固有的观念,只想通过性关系与她建立连接。即便如此,他还是在内心深处觉察到自己或许能从那位女士身上学到一些东西。而在梦境的最后,那个陌生女士竟然把总统的尸骨重新拼接完好、让他起死回生了。要知道，总统可是主导主流文化立场的关键人物。至此，女性特质的救赎力量以戏剧性的方式夸张地显露了出来。

　　这个场景不免让人联想到远古神话中那些彰显女性治愈力量的情节。比如，在古埃及神话中，国王奥西里斯（King Osiris）[1]被肢解后，王后伊西丝（Isis）[2]历经艰辛从各地找回丈夫散落的尸块，将它们重新拼接在一起，成功复活了他。不过，有一块始终没有找到，那个部位就是他的阴茎。于是，伊西丝用木头仿制了一个阴茎，装在了奥西里斯的身上。《无手少女》中也有类似的情节。在《无手少女》中，女孩的双手被砍掉后，国王送给她一双银制的手。后来，在她坦然面对和承受自己的悲伤情绪时，她的双手又重新长了出来。同样，奥西里斯也需要先接受女性给他装上的木制阴茎作为过渡，才能再长出真正的阴茎。如今的科技时代过分推崇功名和权力，那些忙着追名逐利的男人似乎连木制阴茎也弄丢了。为了满足自己的私欲，他们纷纷把内在女儿献给了魔鬼。因为害怕面对自己的创痛，他们逐渐丧失了落泪的能力。而拥有女性精神的人则不同，他们敢于直面内心的创伤，懂得适时释放心中的怒火，

---

[1] 古埃及神话中的冥王，也是植物、农业和丰饶之神。——译者注
[2] 古埃及神话中掌管生命、魔法、婚姻和生育的女神。——译者注

能够坦然地哭泣落泪。通过欣赏四季轮回的风景、赞叹大地孕育新生的力量,他们可以一点点治愈自己的创伤。

致　谢

我写这本书花了六年的时间。从落笔到成书，六年里，我有幸得到了许多人的帮助。他们中有我的来访者和学生，也有我的同事和朋友。在此，我要感谢所有这些热心肠的人，谢谢他们与我分享了各自的父女故事以及对父女关系的感悟。

特别感谢旧金山荣格研究所（C.G. Jung Institute of San Francisco）设立的奖学金，这笔奖学金为本书的编辑工作提供了部分资金支持。本书收录了《心理学视角》（*Psychological Perspectives*）首刊的四篇文章，感谢《心理学视角》的编辑们给予的大力支持，特别感谢威廉·沃尔科特（William Walcott）、罗素·洛克哈特（Russell Lockhart）和阿尔·克雷因海德（Al Kreinheder）的支持和建议。感谢斯沃洛出版社（Swallow Press）的唐娜·伊波利托（Donna Ippolito）在审阅最后一版书稿时给出的重要建议，我从中受益匪浅；感谢伊莱恩·E. 斯坦顿（Elaine E. Stanton）为本书设计的封面；感谢玛丽·安·马顿（Mary Ann Mattoon），她是首位邀请我就父女关系创伤发表公开演讲的人，后来她还读了本书的书稿，给我提出了许多建议；感谢我的写作团队成员——约翰·毕比（John Beebe）、尼尔·拉萨克（Neill Russack）和凯伦·西格内尔（Karen Signell），他们听了一些章节的原稿后，提出了一些新颖的思路和建设性的意见；感谢皮尔·赫特伯格（Peer Hultberg）、约翰·毕比和克尔斯滕·拉斯穆森（Kirsten Rasmussen），他们通读了本书的书稿，提出了许多宝贵的建议；感谢我在加州职业心理学院伯克利分校（California School of Professional Psychology, Berkeley）的那些学生，她们写下了理想中的父亲形象以及对女性精神的印象和体验与我分享；感谢希尔德·宾斯万格，是她第一个启发并鼓励我就父女关系中的创伤这个主题进行写作；感谢简·惠尔赖特和乔·惠尔赖特夫妇（Jane and Jo Wheelwright）、珍妮·亨特和史蒂夫·亨特夫妇（Janine and Steve Hunter）、格洛丽亚·格雷格（Gloria Gregg），他们在我创作本书的关键阶段给予了我情感上的支持和宝贵的建议。特别感谢我的母亲弗吉尼亚·希尔斯（Virginia Schierse），她与我分享了她与父亲的点滴过往。

此外，我在书中转载了如下资料，在此由衷地感谢准许我转载的版权所有方和管理方。

卡琳·博耶（Karin Boye）的《剑》（"A Sword"），转载自1976年版的《另一种声音》（*The Other Voice*），版

权归W.W.诺顿公司（W.W.Norton and Co.Inc.）所有，经阿尔伯特·邦尼尔出版社有限公司（Albert Bonniers Förlag AB）许可。

罗伯特·勃莱（Robert Bly）的《悲伤的价值》（"What is Sorrow For"）。

米拉拜（Mirabai）的《为什么米拉不能回到旧居》（"Why Mira Can't Go Back to Her Old House"），罗伯特·勃莱的译本，经罗伯特·勃莱和塞拉俱乐部出版社（Sierra Club Books）的许可转载，摘自《宇宙新闻》（*News of the Universe*），1980年版，版权归罗伯特·勃莱所有。

黛安·瓦科斯基（Diane Wakoski）的《国父》（"The Father of My Country"），转载自《血厂内部》（*Inside the Blood Factory*），1968年版，版权归黛安·瓦科斯基所有，获双日出版公司（Doubleday Co. & Inc.）授权。

西尔维娅·普拉斯（Sylvia Plath）的《爸爸》（"Daddy"），转载自阿里尔（*Ariel*），1965年版，版权由泰德·休斯（Ted Hughes）所有，获哈珀与罗出版公司（Harper & Row Publishers）授权。

赖内·马利亚·里尔克（Rainer Maria Rilke）的《杜伊诺哀歌》（*Duino Elegies*）和《给一位青年诗人的信》（*Letters to a Young Poet*）的节选片段，1939年和1934年版，版权归W.W.诺顿公司所有，获W.W.诺顿公司授权。

道恩·布雷特（Dawn Brett）的《神化》（"Apotheosis"），经道恩·布雷特许可。